王阳明传

深谋远虑者胜

凌持武　刘安定　著

民主与建设出版社
·北京·

© 民主与建设出版社，2024

图书在版编目（CIP）数据

王阳明传：深谋远虑者胜 / 凌持武, 刘安定著. --
北京：民主与建设出版社, 2024.3
ISBN 978-7-5139-4521-9

Ⅰ.①王… Ⅱ.①凌… ②刘… Ⅲ.①王守仁
（1472-1528）- 传记 Ⅳ.①B248.2

中国国家版本馆CIP数据核字（2024）第049861号

王阳明传：深谋远虑者胜
WANG YANGMING ZHUAN SHENMOUYUANLÜ ZHE SHENG

著　　者	凌持武　刘安定
责任编辑	彭　现
特约策划	任程民
封面设计	海　凝
出版发行	民主与建设出版社有限责任公司
电　　话	（010）59417747　59419778
社　　址	北京市海淀区西三环中路10号望海楼E座7层
邮　　编	100142
印　　刷	三河市同力彩印有限公司
版　　次	2024年3月第1版
印　　次	2024年5月第1次印刷
开　　本	880毫米×1230毫米　1/32
印　　张	8.75
字　　数	191千字
书　　号	ISBN 978-7-5139-4521-9
定　　价	49.80元

注：如有印、装质量问题，请与出版社联系。

前言

王阳明(1472—1529),原名王云,后改名王守仁,字伯安,世称阳明先生,曾自号乐山居士,浙江余姚人。明朝著名的思想家、文学家、军事家和教育家。

王阳明历孝宗、武宗、世宗三朝,官至南京兵部尚书、左都御史,因平定南赣、宁王及两广等叛乱,获封新建伯。嘉靖七年十一月(1529年1月)去世,明穆宗追赠新建侯爵,谥号"文成"。万历十二年(1584年)从祀于孔庙。

王阳明著作颇丰,有《传习录》《朱子晚年定论》《宋子晚年定论序》《修道说》《大学古本序》《大学问》等,以及奏疏、公文、诗、序、记、墓志铭等杂著。隆庆六年(1572年),谢廷杰巡按浙江,将王阳明著作收集,仿照《朱子全书》形式刊印,称为《王文成公全书》,共整理三十八卷。此外,明人施邦曜辑《阳明先生集要》十五卷,清人王贻乐编刻《王阳明先生全集》十六卷,张问达编刻《阳明文钞》二十卷,这些都收录在清《四库全书存目》中。

《传习录》是王阳明学术思想的代表作,比较全面地反映了王阳明学说即"阳明心学"的主旨。儒家心学,经过孟子、程颢、陆九渊、陈献章、湛若水等人的不断发展完善后,王阳明作为集大成者,开创了"姚江学派",门下弟子开枝散叶,又形成了不同的学术流派,蔚为大观。其学说还传入日本、朝鲜等国,影响海外。

历代名人对王阳明的评价很高,明代史家张岱说:"阳明先生创良知之说,为暗室一炬。"明末清初思想家黄宗羲说:"王阳明可谓'震霆启寐,烈耀破迷',自孔孟以来,未有若此深切著明者也。"清代政治家曾国藩说:"王阳明矫正旧风气,开出新风气,功不在禹下。"

从众多名家的评价不难看出,"阳明心学"是中国思想文化史上的重要学说。而要了解、传承、发扬"阳明心学",就必须先了解王阳明这个人。只有如此,才能在当今时代,让"阳明心学"更好地体现出他的理论价值和现实意义。基于此,特撰写《王阳明传》,力争通过不同的角度,真实而又多方面展现王阳明一生的坎坷经历、仕途沉浮、得失悲欢,以及在儒学思想上不断转变和完善的过程。希望本书能对喜欢"阳明心学"的朋友们有所裨益。

目录

生来不凡 001

少年意气 006

婚后为学 008

进士及第 014

初入仕途 020

阳明洞天 027

因谏致祸 034

一路坎坷 039

所居何陋 047

龙场悟道 056

化解危机 062

贵州传道 070

志在经国	077
诸子论学	083
虚职太仆	096
就职南京	103
巡抚南赣	113
南赣平盗	121
乘勇追寇	134
勤治施教	147
戡乱宁王	161
决战鄱阳	174
功过风云	184
随遇而安	196
吾心良知	208
守制传道	220
两广平乱	241
此心光明	264

生来不凡

晋朝书法家王羲之，因为喜欢浙江山水风光，迁居到会稽山阴（今绍兴）。传到二十三代王寿，又从达溪迁居到余姚，从此就成了余姚人。

龙泉山下，县城之北，有一户王姓人家，户主王伦，字天叙，号竹轩，是王寿的第八代传人。王家房子是从农户家租赁来的，虽然外表看起来很简陋，但王家上下的男人诵读文章，吟诗作对，也称得上是书香门第。王伦酷爱先贤典籍，尤其喜欢《仪礼》《左传》《史记》等，所写的文章简洁古雅而有法度，诗词歌赋挥笔而成，著有《竹轩稿》《江湖杂稿》若干卷。王伦的儿子王华，字德辉，号实庵、海日翁。因其曾经就读于龙泉山中，所以人们又称他为龙山先生。

王华的结发妻子郑氏，怀孕十四个月了，然而肚里的孩子还没有出世的迹象，这可急坏了公公王伦和婆婆岑氏。大家担忧、焦虑也不能解决任何问题，只能各自心中暗暗祈祷。

明宪宗成化八年九月三十日（1472年10月31日），岑氏和往常一样早早入睡，半夜做了一个奇异的梦。在梦中，她看到一位身穿红衣的天神，带着一众仙女，在散发祥光的云朵中鼓瑟吹笙。其中有位仙女，怀抱一小孩径自来到自己面前，将小孩放在自己怀中。岑氏正不知如何是好的时候，小孩突然哇哇大哭起来。这一哭把岑氏从睡梦中惊醒，她迷糊中隐约听到隔壁儿媳妇郑氏房中传来婴儿的啼哭声。不一会儿，家人跑来报信，少夫人生了一个男孩。

王阳明富有传奇色彩的一生，就此开始了。因为岑氏所梦祥云送子，祖父王伦给孩子取名为王云，并给他们居住的地方取名为"瑞云楼"。这个故事，记载在《明史》和王阳明弟子钱德洪编撰的《王阳明年谱》中："先生母亲怀胎十四个月，在祖母岑氏'神仙驾祥云送子'的梦中，先生诞生。"

王阳明三岁时（1474年），还没有开口学说话，王华和郑氏都非常着急。王伦反而十分自信地安慰儿子儿媳说，"贵人语迟"，这孩子将来说不定有大出息。

可是到五岁时（1476年），王阳明依然不会说话。据《王阳明年谱》记载，这年有个神僧路过，看到王阳明后，摸着小阳明的头说："好个孩儿，可惜道破。"王伦听说这事后，想到孩子云中降生，取名王云就是将神仙送子的梦说破了，于是根据《论语·卫灵公》里的"知及之，仁不能守之，虽得之，必失之"，将王云改名为王守仁。说来也怪，改名后不久，王阳明就开口说话了，而且，还能够背诵王伦之前诵读过的书。从此，王阳明就跟随祖父，朝夕读书，吟诗作对。

然而，小孩贪玩是天性。七岁那年（1478年）在祖父那学会了象棋后，王阳明沉迷其中，久而久之影响到读书。母亲郑氏担心他荒废学业，多次教诲他仍不能有所收敛，终于有一次母亲脾气爆发，将象棋扔到了河中。当时的王阳明竟然没有哭闹，反而写了一首《哭象棋诗》："象棋在手乐悠悠，苦被严亲一旦丢。兵卒坠河皆不救，将军溺水一齐休。马行千里随波去，士入三川逐浪流。炮响一声天地震，象若心头为人揪。"

谁也不曾想到，七岁的孩子，已经能写诗了。虽然一股打油、调侃的味道，但对小孩而言，这有模有样的七律已经是难能可贵了。

王阳明十岁那年（1481年），父亲王华进京赴考，高中状元，随即授官翰林修撰。

在京城安顿好之后的次年（1482年），王华派人来接王伦等人到京城一起住，一来为了孝养父母，二来是能够照顾妻儿。因此王阳明就跟随祖父前往京城。一家人途经钱塘江到达镇江，当地文人、名流得知新科状元的父亲和儿子经过，特意在金山寺设宴款待。

当时的金山寺，在长江中的一个小岛屿上，并不是现在和陆地相连的样子。金山寺和陆地相连，是在清康熙年间，因为长江水流向北移动，泥沙不断堆积后才形成的。在金山寺饮酒欢宴，酒过三巡，少不了要即席赋诗。可就在大家还低头沉思，尚未得句之时，王阳明已经赋就《过金山寺》："金山一点大如拳，打破维扬水底天。醉倚妙高台上月,玉箫吹彻洞龙眠。"

此诗王阳明一气呵成脱口而出,刚刚吟罢,满座皆惊,掌声、夸赞声此起彼伏。于是有人提议,以金山寺中的"蔽月山房"为题,让王阳明再赋诗一首。

这也难不倒王阳明,很快他就徐徐吟来:"山近月远觉月小,便道此山大于月。若人有眼大如天,还见山小月更阔。"

相对《过金山寺》的气度不凡,《蔽月山房》是一首充满哲理意味的七绝,大概意思就是说,现在一眼看过去,眼前的高山遮挡了月亮,让我们觉得山比月亮大,但如果人的眼界能够像天空那样足够广阔,就会得出另一个结论,那就是月亮要比高山大很多了。十一岁的孩子能够吟出如此富有哲理的诗,顿时让人感觉到他胸怀广阔,思想深刻,果然是江山代有人才出,长江后浪推前浪,一代更比一代强。

成化十九年(1483年),十二岁的王阳明进入私塾读书。一天,王阳明问私塾老师:"人的一生最重要的事情究竟是什么呢?"老师回答说:"学而优则仕。好好读书,像你父亲以及那些前贤一样考取功名,光宗耀祖,这就是人生最重要的事情。"王阳明年纪虽小,却有自己独到的见解,他并不认同老师这样的说法,他说:"恐怕不是这样的,应当是读万卷书,行万里路,做先代圣贤那样的人,才是人生第一等的事情。"

老师听后觉得不可思议,将这些话转述给王华听。作为父亲,王华对儿子豪迈不羁的性格和不遵世风的言论,内心是非常担忧的;好在祖父王伦信心满满,认为自己的孙子将来一定能够出人头地。

王阳明十三岁时（1484年），母亲郑氏去世。幼年失恃，对王阳明来说，是人生中一个巨大的挫折，但他志存高远，心思不同于寻常人。守孝期间，悲痛于母亲的去世，王阳明开始感叹生命有限，这也是后来他修炼道家神仙养生术的一个缘由吧。

不久，父亲王华纳赵氏为妾。可是赵氏对王阳明并不好，还经常打骂他。王阳明不愿逆来顺受，于是琢磨如何整治赵氏。有一天，他在山上逮到一只野鸟，趁赵氏不在的时候，偷偷地塞进她的被窝里。

接下来的一幕，就在意料之中了，准备睡觉的赵氏被突然飞出的野鸟吓得惊慌失措。在古代，野鸟入室是凶兆，更何况还钻到被窝里去了。这时，装着闻讯跑来围观的王阳明说："此事可大可小，需要找个巫师来驱邪，并且问一问到底是怎么回事。"赵氏已经被吓得六神无主，哪有工夫去思前想后，于是连连点头让王阳明尽快去办。

第二天，巫婆上门，咿咿呀呀念念有词之后，装作亡魂上身的样子，抖动着身体，用颤抖的声音指着赵氏阴阳怪气地说："你对我儿子不好，我就回来找你，你要保证以后好生待他，不然我就天天来找你……"

赵氏吓得全身瘫软，趴在地上连忙答应："我以后一定对守仁好，我发誓，我保证……"一旁的王阳明，转过身去偷偷地笑了。这巫婆自然是他找来的，事先收了他的银子，按照他的要求演了这么一出戏。从这之后，赵氏果然不再欺负他了。

少年意气

在给母亲守孝期间,王阳明苦读兵书,如《孙子兵法》《尉缭子》《六韬》等,所谓有志不在年高,少年时代的王阳明,总是幻想着有朝一日能够横刀立马,于百万大军之前指挥若定。于是,他又学习了骑马和射箭。

王华见此种种,觉得儿子不务正业。可王阳明并不服气,认为文可安邦、武可定国,都能够建功立业报效国家,何况练武还能强身健体呢。王华辩不过儿子,也就没有再计较,不料王阳明趁机提出,要到边关去走一走看一看。孩子才十五岁,王华怎么可能放心让他去呢。幸好王伦偏爱孙子,大力支持他出去游学的想法。王华是出了名的孝子,对父亲的话素来言听计从,也就同意了王阳明的这次出行。

三年守孝期满(1486年)。石英、王勇在京师附近造反,石和尚(石龙)、刘千斤(刘通)在陕西造反。也就是这时候,王阳明如愿出游到居庸关(今北京昌平区境内)一带。居庸关,古称居庸塞，是明朝北京的北门。居庸关一直以来都是边地通商场所，作为兵家必争之地，这里也是历史上著名的古战场。

于是王阳明逐马飞驰，出关来到各族部落居住之地，了解他们的生活习俗，观察他们的言行举止，甚至和胡人一起赛马、射箭。

随后，王阳明又去了山海关，历时一个多月，到了冬天才返回京城家中。

婚后为学

孝宗弘治元年（1488年）七月，王阳明遵从父亲之命前往江西洪都（今江西南昌）完婚。

岳父诸让，字养和，号介庵，祖籍濠州（今安徽凤阳），姚江余姚诸氏第五代传人，成化十一年（1475年）进士，官至江西布政司参议。诸让膝下两个女儿，大女儿诸芸，小名婉龄，许配给王阳明。小女儿则许配给内阁学士谢迁的次子谢丕，只是小女儿不幸夭折。

王阳明到了洪都诸家后，诸让就选好了吉日准备举行入赘仪式。新婚之日，一派喜气，可到了行礼的时候，王阳明却不见了。诸府上下一片惊慌，诸让急忙安排家丁到城里四处寻找。

原来王阳明闲着无事，午后一身轻松地在大街上闲步游走，不知不觉来到铁柱宫。这地方王阳明早有耳闻，于是就走了进去，看见侧房中有一道士正盘腿而坐，认为他必定是一位得道高人，便上前行礼问好。道士也觉得王阳明年少不凡，随即邀请他对坐闲聊。两人谈到养生之术，道士逐一指点；王阳明也逐步深入询问，沉浸其中，竟然把新婚行礼的事情忘到了脑后。直到第二天早晨，诸家家丁找来，方才告辞而归。

也许王阳明这行为是有意而为。毕竟父亲王华严格有余，慈爱不足，王阳明心中有抵触情绪，对这门婚事未必心甘情愿，何况还是入赘女方。

婚后，王阳明的日子非常清闲散淡。正好诸让的衙门中有几竹筒白纸，不愿虚度时光的王阳明，闲着无事就拿一些出来，从早到晚练习书法，而且用心揣摩，勤奋临帖。几个月的坚持，他竟然把那些个竹筒里的白纸全部用完了。

王阳明后来和别人说到书法，就有了自己独到的见解："吾始学书，对模古帖，止得字形，后举笔不轻落纸，凝思静虑，拟形于心，久之始通其法。既后读明道（北宋程伯淳）先生书曰：'吾作字甚敬，非是要字好，只此是学。'既非要字好，又何学也？乃知古人随时随事只在心上学，此心精明，字好亦在其中矣。"这段话的意思，简而言之，就是要把字放在心上来学，用心写字，字才能写得好看、洒脱，才能显得有精神。这也印证了他后来所提倡的心学。因此，他和学生们谈论格物，就经常拿书法的心得来举例。所以书画家徐文长评论说：王羲之以书掩人，王守仁以人掩书。"观其墨迹，非不翩翩然凤翥而龙蟠也。"明清之际学者归庄，也曾评论说："阳明先生一代儒宗，而亦工于书法如此，岂非艺即道耶？余学道不成而谬以能书名，既耻为一艺之士，其敢不勉！"

王阳明的书法具有大家风范，楷书、草书、行书都有很高的造诣，只是他在书法上的成就，被他的儒家心学掩盖了锋芒。

弘治二年（1489年），王阳明仍然寄寓在洪都岳父诸让家里。也就是这一年，十八岁的他开始仰慕先代圣人的学说。如何能达到先代圣人的境界，一直是王阳明思考和探索的问题，也因此坚定了他求学的意志。

这年的十二月，王阳明带夫人诸氏在回余姚老家的途中，拜访了广信（今江西上饶）的理学大儒娄谅。娄谅，字克贞，别号一斋，曾四处游学求教，并得出结论："大家所说的举子学（指应试教育），并不是真正意义上的身心学问。"此后，娄谅师从抚州崇仁吴与弼（康斋），和陈献章（石斋）、胡居仁（敬斋）同为其门下得意弟子。

娄谅、王阳明两人相见，如同故人。面对王阳明的疑问，娄谅十分明确地告诉他，"圣人必可学而至"。这句话，可以说醍醐灌顶，点醒了王阳明。从此之后，王阳明一改之前少年不羁、活泼洒脱的性格，转而严格要求自己，以求接近圣人。

同时，娄谅非常赏识王阳明，毫无保留地向他讲授了"格物致知"的学说。所谓"格物致知"，出自《礼记·大学》"致知在格物，物格而后知至"。用朱熹的话说，就是"致知在格物者，言欲尽吾之知，在即物而穷其理也"。也就是说世上万物，从天地宇宙，到花草虫鱼，都有自身先天本然的自然规律。而儒家所倡导的"仁义礼智信"，也包含这些道理。只有通过格物，也就是熟悉了解、体会观察、参详领悟某个具体事物，才能掌握它们的基本规律，从而达到某个境界并提升到一定的层次。

王阳明非常高兴，告别娄谅的时候，已经有了明确的目标，而且信心十足认为自己能够达到这样的目标。只是，娄谅没有想到，眼前的这位年轻人，后来真的开宗立派。而王阳明也没有想到，几十年后，他会在另一种场面，再次遇到恩师的小孙女娄素珍。

回到余姚老家，已经是弘治三年（1490年），受娄谅所授"格物致知"的影响，王阳明开始遍读朱熹的著作，思考宋儒大家"物有表里精粗，一草一木皆具至理"的学说。

朱熹，字元晦、仲晦，号晦庵、晦翁，祖籍徽州府婺源（今属江西），生于南剑州尤溪（今属福建），是南宋时期理学大家。朱熹师从"二程"（程颢、程颐）的三传弟子李侗，后人将他与"二程"的学说合称为"程朱学派"，后世尊称他为朱子。朱熹哲学思想的核心是"理"，认为"理"是宇宙的根源，提倡"存天理，去人欲"。"格物致知""格物穷理"，都是朱熹儒家理学的主张。

王阳明一心想要进入圣学之门，因此不得不认真学习朱熹的一系列学说。

为了实践朱熹的"格物致知"，王阳明下定决心要穷究竹子的"理"。于是他约上好友钱友同，并嘱咐家人不要打扰，两人坐在亭子中，面对那一片竹子凝神注目。一天、两天、三天，钱友同病倒了……王阳明独自坚持到第七天，然而什么也没有发现，什么也没有体悟，而且，他也病倒了。

为什么格不出"理"来呢？"格物致知""格物穷理"，七天七夜，"知"在哪里？"理"又在哪里？从此，王阳明对朱熹"格物"学说产生了极大的怀疑。而实践格竹的失败，对王阳明来说，也是一次沉重的打击，这就是著名的"守仁格竹"。

这一年，王阳明的祖父王伦在京城去世，王华扶柩归返余姚，按制丁忧三年。所谓丁忧，就是古时候遭逢父母丧事，要求身为官宦的子嗣守丧，三年内不得为官任职，不得婚娶，不得赴宴，不得应考。

然而这大好时光，儿子的学业是断然不能因此而荒废的，于是王华安排堂弟王冕、王阶、王宫和妹婿牧相，轮流给王阳明讲授经义。王阳明暗自用功，白天跟随几位叔叔和姑父上课听讲，晚上独自诵读四书五经到深夜。时间一长，王冕等人发现，自己已经没有能力教授王阳明了。

他们所讲的，王阳明已经读过，而且理解得还比他们更透彻。王阳明写出来的文章，叔叔和姑父看了，无论是才气还是思想深度，他们都自叹不如。而更让大家惊异的是，从前那个诙谐的王阳明，变得一本正经，不再嬉皮笑脸，不再插科打诨。众人熟知侄子从小的所作所为，怎么会突然之间有如此之大的改变呢？众人将信将疑，问王阳明到底怎么了。王阳明严肃而又诚恳地回答道："从前的我放纵不羁，现在知道自己错了。"于是王冕等人也从此正容相对而且谨慎言论。

弘治四年（1491年），王阳明二十岁。王家从余姚搬迁至山阴（今浙江绍兴），老宅交给钱氏居住。

进士及第

弘治五年（1492年）秋，王阳明到杭州参加浙江乡试，和孙燧、胡世宁一同中举。这年王华丁忧期满，回京复命，王阳明随父亲到京城居住。其间，王阳明一度专心辞章之学，喜欢谈论军事，学业大有长进，射箭的技术也日益增长。

弘治六年（1493年）春，王阳明在京城参加会试，满以为进士及第是不在话下的，可偏偏名落孙山。作为状元的儿子没有金榜题名，亲朋好友纷纷前来安慰，唯独首辅李东阳笑着对王阳明说："你这次没有考中，下一次科考必定高中状元，不妨先尝试写一篇《来科状元赋》。"

王阳明听罢，竟然没有推让，立马提起笔就写，不一会儿就完成了这篇《来科状元赋》，令在座的官宦们大为震惊，不仅惊叹于王阳明的天赋，更加佩服他的才能。然而有嫉妒他的人私下议论说："年轻气盛，如果他将来中状元，必定会目中没有我们这些人了。"

落第后王阳明以诗言志，抒发心中的苦闷，比如在《忆龙泉山》中写道："我爱龙泉寺，山僧颇疏野。尽日坐井栏，有时卧松下。"稍后，王阳明回到余姚老家。从古至今，但凡考场落第，文人们大多寄情于山水诗画之间，二十二岁的王阳明也没能够免俗。出于对龙泉山特殊的情感，王阳明在龙泉山寺办起了诗社。诗社人数不多，都是些没有名气的文人，大家聚在一起，无非是琴棋书画、花草鱼虫。余姚淳朴的民风和士气，和他在京城所感受到的浮夸之风，大有区别。龙泉山清秀的环境，让王阳明度过了他人生中惬意悠闲的一段时光。

弘治七年（1494年），王阳明的龙泉诗社又吸收了很多当地的士子文人。然而，在诗社中高谈阔论，在山水间饮酒作乐，都不是王阳明的理想。他在《重游开元寺戏题壁》中写道："君不见富贵中人如中酒，折腰解醒须五斗。未妨适意山水间，浮名于我亦何有！"这是他内心真实的感受，一片山坳怎么能够满足鸿鹄展翅高飞的渴望呢？

次年，二十四岁的王阳明来到越城（今浙江绍兴），有意远离诗社的雅聚。因为他发现诗词中的风花雪月、山水花草，和自己想要的生活越来越远，诗词写得再好，也不过是个诗人、是个名士，而自己想要做个圣人。

弘治九年（1496年）春，王阳明再次到北京参加会试。果不其然，被当初私下议论他的人打压，依旧名落孙山。看到同舍落榜的学子垂头丧气、精神不振,像霜打的茄子一样,甚至羞愤异常,王阳明好心地劝慰说:"你是以没有考中而觉得羞耻,而我觉得没有考中因此心灰意冷才羞耻。"这就是王阳明,能够正视生活中的挫折,不因为一时的得失而自暴自弃。

这一年,居住在王家余姚老宅瑞云楼的钱家,诞下了一个儿子,叫钱德洪,后来成为王阳明的弟子,并撰写了《瑞云楼记》和《王阳明年谱》。

弘治十年(1497年),关外蒙古族常常入侵山西大同一带,边关情况紧急。而当时的明朝,在"土木之变"后,国家基本太平,长期安定的局面加之没有居安思危的想法,导致文官不知道该怎么应对,武将不敢主动要求出战迎敌。如此局面,朝廷四处寻求将才,一时街头巷尾议论纷纷。

曾经有志经略四方的王阳明,反思朝廷虽然按期开设武科,但中试的大多是些善于骑射、搏击的孔武之人,难得有雄韬伟略能统率千军万马指挥若定的将才。因此他开始学习诸家兵法,凡是收集到的各类兵家秘书,都认真阅读。对边关的战事信息,也广为收罗,仔细分析。若有朋友聚会,就用果核来排兵布阵,好像自己就是那个运筹帷幄之中、决胜千里之外的三军大元帅。然而,他的做法却被朋友们嘲笑是和赵括一样的"纸上谈兵"。

没有施展自己方略的舞台,又不被朋友们认同,苦闷的王阳明又想到给兵部上书,但低头一琢磨,最终还是放弃了。

弘治十一年（1498年），两次落第，对于年少气盛的王阳明来说，内心还是焦虑的。既然举子学和辞章学不能够通达仕途，骑射之术又不能够策马沙场，于是他开始四处访求名师、益友，想要成就自己"圣人之学"的目标。然而，还是没有遇到让他心仪的师友，于是接受现实，决定继续探究宋儒理学。

一天，王阳明读到朱熹《上宋光宗疏》中"居敬持志，为读书之本；循序致精，为读书之法"几句，开始反思自己之前的作为。王阳明明白了所谓圣学，就是儒家之学，而自己之前虽然也算是博览群书，但都只是囫囵吞枣粗略一阅，并没有深入研究，看来还得精读才能提升自己。于是王阳明又开始苦读朱熹的《四书集注》，想通过循序渐进的方式，达到精益求精的效果。

在读《四书集注》的日子里，王阳明不断对比、思考，但是书中朱熹所说的物理和自己的内心，始终不能够融会贯通。比如朱熹说的"格物穷理"，"物"在"我"的身外，"理"在"我"的心中，如何能够穷尽世间万物的"理"呢？一草一木的"至理"，如何成为"我"心中的"至理"呢？"我心"穷尽不了的"物理"，那么是不是最终还是要判定在不同的两个地方呢？思而不得，王阳明竟然又大病一场。痛定思痛，王阳明越来越觉得，成为圣人，成为贤能之人，自有他的定分，没有必要去强求。

如此念头一生，病中的王阳明越发彷徨而不知道该怎么办了。当他听说修道可以养生时，还产生了遗世入山的想法。但想法终归只是想法，并没有付诸行动。

弘治十二年（1499年）春，王阳明第三次参加科考，在礼部会试中排名第二。随后的殿试，其以二甲第七（全国第十名）的排名进士及第，被安排在工部供职。同时进士及第的还有伍文定，排名第二百一十七位。

这一年的会试，风波迭起，弄得一众考生人人自危，都唯恐祸及自己。这就是著名的"会试泄题案"，而且连累到明代大才子唐寅。唐寅，字伯虎、子畏，号六如居士、桃花庵主、鲁国唐生、逃禅仙吏等，南直隶苏州府吴县人，"吴中四才子"之一。唐寅赴考途中认识了江阴的徐经，两人于是结伴而行。而作为会试主考官的太子少保礼部尚书兼文渊阁大学士李东阳、礼部右侍郎兼翰林院学士程敏政，都是饱学之士，一时名儒。

徐经到达京城后，曾给程敏政赠送金币，并拜师在他门下，又向李东阳求取给已故祖父徐颐撰写墓志铭。唐寅也曾在考前用金币向程敏政乞赐文章。由于这次会试的题目相当冷僻，很多考生都答不上来。唯有两份试卷，文辞优雅且贴切主题，程敏政阅卷的时候脱口而出："此两张卷子一定是唐寅、徐经所做。"这话传了出来，到会试结束，已是满城风雨，说江阴富人徐经贿赂考官预先得到了试题。

户科给事华昶在没有了解事情来龙去脉的前提下，就急匆匆在朝堂之上弹劾主考官程敏政，并牵连到徐经、唐寅。孝宗下旨程敏政不再参与阅卷。李东阳会同其他考试官复审，经查徐经、唐寅两人都没在录取名单之中。卖题的说法，纯属子虚乌有，只是民众仍然议论纷纷，整个会试差点因此而作废。朝廷为了平息舆论，经过审讯，依旧查无卖题的实据。最终程敏政罢官还家。华昶因所奏之事不实，降职处分。徐经、唐寅两人都被削除仕籍，发回各自所在县担任县衙小吏。程敏政归家后，愤郁发疽而死。唐寅从此耻不为官，归家后夫妻反目。此事在《明孝宗实录》中记录较为翔实。

很多年后，唐寅一度成为宁王朱宸濠的座上宾，幸好及时抽身，到王阳明平定宁王叛乱时，唐寅早已离开了那块是非之地。而徐经则远离仕途，他的曾孙，就是大名鼎鼎的徐霞客。

初入仕途

进士及第，观政工部，其实就是安排在工部的一个实习生。虽然没有品级，但也标志着王阳明就此进入了仕途。而且当时孝宗执政，任用刘健、谢迁、李东阳、马文升、刘大夏等耿直之臣，也算是明朝难得的清明时期，这对王阳明来说，是一个不错的契机。也正是在工部，王阳明结交了太原乔宇，广信汪俊，河南李梦阳、何景明，姑苏顾璘、徐祯卿，山东边贡等人。

弘治十一年十二月（1499年1月），延绥、宁夏、甘肃三边总制王越去世。第二年秋天，王阳明受工部委派，到河间以钦差身份督造威宁伯墓。威宁伯王越，本名王悦，字世昌，大名府浚县（今属河南）人，宪宗时官至兵部尚书，因战功获封威宁伯，世称"王威宁"。王阳明此前曾经梦到和王越相见，得到王越相赠的一柄宝剑。

督造期间，王阳明对工役实行军事化管理，按照五人一伍，十人一什的编制，严格规定饮食、劳作、休息的时间，做到什伍同步。后来他在赣南剿匪，首创的"十家牌法"的乡间管理办法，大概就脱胎于此。停工的时候，王阳明还集合工役，操练他们演习八阵图，以此试验自己心中的军事谋略。

到坟墓建造完毕，无论是威宁伯府还是地方衙门，都非常满意。王家更是心存感谢，赠送金银珠宝，但王阳明只是连声道谢，并不接受。王家主人见王阳明执意不收，于是取出威宁伯生前佩带的一柄宝剑，再次相赠。王阳明想起之前所做的梦，也就欣然接受了。

竣工回到京城向工部交差复命，已经是弘治十三年（1500年）。这时期，天空中发现了彗星！古代相信天命，但凡天地和日月星辰出现了异象，都会占卜吉凶或下诏求言，以便采取应对和解决的方法。孝宗皇帝因此也下诏广为征求良策。于是王阳明草拟了《陈言边务疏》。

在上疏中，王阳明提出了边防事务的八个方面："谨陈便宜八事以备采择：一曰蓄材以备急，二曰舍短以用长，三曰简师以省费，四曰屯田以足食，五曰行法以振威，六曰敷恩以激怒，七曰捐小以全大，八曰严守以乘弊。"因此又称作《边务八事》。每个方面都做出了详细的说明，比如"蓄材以备急"，王阳明解释说："臣惟将者，三军之所恃以动。得其人则克以胜，非其人则败以亡，其可以不豫蓄哉。"并举例宗泽、岳飞、韩世忠、刘锜来说明："李纲之徒以为之相，尚不能止金人之冲突。今以一统之大，求其任事如数子者，曾未见有一人。"继而就当前局势敲响警钟："万如虏寇长驱而入，不知陛下之臣，孰可使以御之。"同时指出问题存在的根本原因："臣愚以为，今之武举仅可以得骑射搏击之士，而不足以收韬略统驭之才。"最后提出解决办法，如在公侯子弟中"择文武兼济之才，如今之提学之职者一人以教育之，习之以书史骑射，授之以韬略谋猷"。对于武学生"岁升其超异者于此，……比年而校试，三年而选举"。

拜本奏上，边防却没有任何改变，也不知是孝宗皇帝没有看到，还是被内阁学士们直接放到档案室的储藏架上去了。但不久，王阳明被提拔为刑部云南清吏司主事，是个七品官。官职虽然不大，但有机会到全国各地办理案件，也算是一个手握生死大权的官员了。

弘治十四年（1501年），王阳明奉命到南直隶、江北淮甸（淮河流域）一带，审理各县悬而未决的积案。王阳明本来就为官廉洁，处事果断，对隐瞒不报的，即使是轻罪，也会加等惩治，而重刑犯如果确实有冤屈，也会为他们平反减刑，从轻发落。孝宗时期政治相对清明，审理完各县案件，王阳明因身体不好准备告假归乡，离开前特意游览了九华山。

九华山，名称源于李白《改九子山为九华山联句》中的"妙有分二气，灵山开九华"，位于安徽池州青阳西南境内，属于黄山山脉的支脉，供奉地藏王菩萨，是中国佛教四大名山之一。因此，王阳明游览了不少佛教寺庙，这在他的诗作中有充分的体现。在诗作的前面王阳明特意注明："归越诗三十五首。弘治壬戌年，以刑部主事告病归越并楚游作。"

化城寺，原名地藏寺，是九华山佛教起源最早的寺庙，称为开山祖寺。东晋隆安五年（401年），僧人杯渡曾在此建造房屋作为庙宇。唐至德年间经过改建，才定名为化城寺，"化城"源自《法华经》中的佛教故事。在此，王阳明一口气写了六首诗，其二为："云里轩窗半上钩，望中千里见江流。高林日出三更晓，幽谷风多六月秋。仙骨自怜何日化，尘缘翻觉此生浮。夜深忽起蓬莱兴，飞上青天十二楼。"其四为："化城天上寺，石磴八星躔。云外开丹井，峰头耕石田。月明猿听偈，风静鹤参禅。今日揩双眼，幽怀二十年。"

无相寺，又名无相院，位于九华山北麓头陀岭下，始建于唐初，原本是唐咸通二年（861年）进士王季文的书堂。王季文临终前将书堂捐赠，改为寺庙，北宋初期香火鼎盛，朝廷赐额"无相寺"。无相寺所在地风光如画，景色迷人，王阳明在此写下了《夜宿无相寺》："春宵卧无相，月照五溪花。掬水洗双眼，披云看九华。岩头金佛国，树杪谪仙家。仿佛闻笙鹤，青天落绛霞。"

相传李白曾经应韦仲堪的邀请，住在九华山东崖龙女泉的旁边。南宋嘉熙初，青阳县令蔡元龙为纪念李白二游九华山而建造太白书堂。明代重新建造祠宇，称为"太白祠"，可惜在民国时期被毁。王阳明游访太白祠，作《李白祠二首》，其二为："谪仙栖隐地，千载尚高风。云散九峰雨，岩飞百丈虹。寺僧传旧事，词客吊遗踪。回首苍茫外，青山感慨中。"

除此之外，王阳明还在莲花峰写下："夜静凉飙发，轻云散碧空。玉钩挂新月,露出青芙蓉。"在列仙峰写下:"灵峭九万丈,参差生晓寒。仙人招我去,挥手青云端。"在云门峰写下:"云门出孤月,秋色坐苍涛。夜久群籁绝,独照宫锦袍。"在芙蓉阁写下:"青山意不尽,还向月中看。明日归城市,风尘又马鞍。"游山观光,吟诗咏风,此时的王阳明可谓心情舒畅。

游览九华山期间,王阳明还结交了不少僧友。化城寺西的长生庵,有位实庵和尚,工于诗画。两人相识,王阳明为实庵的画像题词:"从来不见光闪闪气象,也不知圆陀陀模样。翠竹黄花,说什么蓬莱方丈。看那九华山地藏王,好儿孙,又生个实庵和尚。噫!那些妙处,丹青莫状。"

听说地藏洞有位异僧,坐卧在松叶之上,不吃煮熟的饭菜,王阳明立即专程前往拜访。见到异僧的时候,僧人正在睡觉,等到他醒来,很惊奇地问:"道路艰险无比,你是怎么到这里来的?"然后和王阳明交流佛教上乘的教义。最后告诉王阳明:"北宋的周敦颐、程颢和程颐,都是儒家的好秀才。"王阳明明白他的言中之意,不禁会心一笑。几天后,王阳明再次拜访,异僧已经不见了。这两件事在《王文成公全书》中都有明确的记载。

当时山上还有个人称"蔡蓬头"的道人,据说他善于谈论仙人的术法。王阳明非常相信道家的养生之术,于是毕恭毕敬地把他请到后堂花园的亭子里,以上宾的礼仪迎接他,请教仙人之术。可蔡道人却只说了"尚未"二字,然后两人默默对坐良久。即使王阳明屏退左右，再三请教，蔡道人还是回答"尚未"。看到王阳明一脸疑惑，道人才说："从后堂到亭子，虽然你礼仪十分到位，但能感觉到你终究不能忘掉你的官相。"说完，大笑而去。

九华山归来，王阳明挥笔写就一篇《九华山赋》：

"循长江而南下，指青阳以幽讨。启鸿蒙之神秀，发九华之天巧。非效灵于坤轴，孰构奇于玄造！涉五溪而径入，宿无相之窈窕。访王生于邃谷，掏金沙之清潦。凌风雨乎半霄，登望江而远眺。步千仞之苍壁，俯龙池于深窅。吊谪仙之遗迹，跻化城之缥缈。钦钵盂之朝露，见莲花之孤标。扣云门而望天柱，列仙舞于晴昊。俨双椒之辟门，真人驾阳云而独跷。……

"……席泓潭以濯缨，浮桃泻而扬缟。淙渐渐而落荫，饮猿猱之捷狡。睨斧柯而升大还，望会仙于云表。悯子京之故宅，款知微之碧桃。倏金光之闪映，睫累景于穹坳。弄玄珠于赤水，舞千尺之潜蛟。并花塘而峻极，散香林之回飙。抚浮屠之突兀，泛五钗之翠涛。袭珍芳于绝巘，袅金步之摇摇。莎罗踯躅芬敷而灿耀，幢玉女之妖娇。……

"……彼苍黎之缉缉，固吾生之同胞。苟颠连之能济，吾岂靳于一毛！矧狂胡之越獗，王师局而奔劳。吾宁不欲请长缨于阙下，快平生之郁陶？顾力微而任重，惧覆败于或遭。……

"……道昆仑而息驾，听王母之云璈。呼浮丘于子晋，招句曲之三茅。长遨游于碧落，共太虚而逍遥。

"乱曰：蓬壶之巍巍兮，列仙之所逃兮。九华之矫矫兮，吾将于此巢兮。匪尘心之足搅兮，念鞠育之劬劳兮。苟初心之可绍兮，永矢弗挠兮！"

阳明洞天

弘治十五年（1502年）五月，王阳明完成审理积案的差事，返回京城复命。而此时的京城，一场论战正在进行。

两个阵容的领军人物，一个是李东阳，字宾之，号西涯，湖广茶陵（今属湖南）人，以戍籍居京师，茶陵诗派核心人物；一个是李梦阳，字献吉，号空同子，祖籍河南扶沟，出生在庆阳府安化（今甘肃庆城），是复古派前七子的领袖人物。此时的李东阳，是孝宗的内阁三重臣之一，而李梦阳只是户部主事，和王阳明的官职相仿。

李东阳擅长诗文，只是他倡导的诗文如同唐朝的宫体诗，被称为"台阁体""茶陵派"。李梦阳反对"台阁体"，提出"文必秦汉，诗必盛唐"的主张，得到部分青年才俊的支持，如何景明、徐祯卿、边贡、康海、王九思、王廷相等人，因此被称为"七才子"，因后来又有李攀龙等七人，所以李梦阳等人又被称为"前七子"，李攀龙等人就被称为"后七子"。争论因此而起，前七子逐渐占据上风，开启了明朝中叶的复古之风。

王阳明已经跻身仕途，作品如《九华山赋》等，也是能够在当时的文坛占得一席之地的。然而他觉得这样的争论非常无聊，所以只是冷眼旁观，感慨道："人生苦短，我怎么能把有限的精力，用在这毫无用处的'虚文'争论之中！"王阳明将举子学、辞章学视作"虚文"，然而孔孟的哲学，并不是那么容易学到的，就连宋朝大儒朱熹、陆象山的理学，也不容易通晓透彻。但王阳明依然白天办理公务，晚上挑灯夜读，四书五经以及先秦两汉的典籍，都认真精读，因此文字功夫也是日益见长。

父亲王华得知，担心儿子身体承受不了，于是禁止王阳明夜读。为防止儿子半夜起来读书，他还不允许家人在书房放置灯烛。但王阳明还是等到父亲熟睡后，拿着灯烛来到书房，继续在昏暗的灯光下，苦读先贤典籍。

时间一长，肺病复发，咳嗽都咯出血来。书是不能再读了，刑部也不能去继续办公了。于是，王阳明正式向朝廷申请长假，在当年八月返回绍兴家中休养。

回到绍兴，王阳明就在城东南会稽山的宛委山上筑造了房子，房子旁边有一块巨石，横斜而出，因此王阳明将房子取名为"阳明洞天"。王阳明众多的名字和称谓中，也就是王阳明三字最为响亮，"阳明子""阳明先生"就是来源于此。这块巨石在会稽山龙瑞宫附近，是三十六洞天的第十洞。后来王阳明的弟子钱德洪说："吾师阳明先生出，少有志于圣人之学，求之宋儒不得，穷思物理，卒遇危疾，乃筑室阳明洞天，为养生之术。"所以，王阳明筑造房子的本意，就是一心静坐学习道家的"导引术"。

所谓"导引术"，就是古医家、道家的养生术，实际上是呼吸运动和肢体运动相结合的体育疗法，因此对于强健身体，还是有一定的作用的。而王阳明的身体也确实因此慢慢好转。

有一天，王阳明在洞中静坐，突然有种感觉，好友王思舆等人前来拜访，已经到了五云门。于是安排仆人前往迎接，并说明来访的都有谁，从哪条路上而来。仆人按照王阳明的说法迎了过去，果然接到了他说的这些人。王思舆等人听仆人说明来龙去脉，大为惊奇，纷纷夸赞王阳明已经得道。

然而王阳明自己清楚，这不过是玩弄精神，偶尔的巧合而已，哪是什么得道成仙啊，而且这样下去，是不能够成就圣人之学的。

所以，王阳明对道术开始有些不屑。加之在阳明洞静修的时间一长，虽然日子过得无忧无虑，但他始终忘不掉家中祖母和父亲。转念一想，释家和道教所信奉的，和儒家格格不入。感人心者，莫先乎情，人一出生，亲情就是割舍不了的，这血脉相连的情感，如何能够斩断？难道要灭绝种族人性吗？于是，他决心放弃对佛教、道教的钻研，专心在儒家学说上继续前行。

弘治十六年（1503年），王阳明终于离开了阳明洞，来到杭州西湖疗养，身体也慢慢恢复。西湖风景宜人，让人心情舒展，少不了四处走一走看一看。

一天，王阳明来到南屏古寺，看见有个和尚在打坐，目不斜视,也不和别人说话,问了问路过的熟知情况的人,说这和尚这种状况已经三年了。王阳明上前大声喝道:"你这和尚整天嘴巴吧嗒吧嗒地说些什么?整天眼睛睁开都看些什么?"和尚猛然间被惊醒,不知所措地看着王阳明,一时竟然不知道说什么。王阳明接着问:"你还有家没有?家里还有什么人没有?"和尚回答说:"家中老母亲还健在。"王阳明接着又问:"你想不想念你的老母亲呢?"和尚如实回答:"老母亲孤身一人,不能不想念啊。"王阳明于是将亲情是人类割舍不了的这个道理,一五一十地分析给和尚听,和尚听着点头不已。等到王阳明说完,和尚合十道谢,惭愧之情写在脸上。

第二天,王阳明再次来到南屏寺,那个和尚已经不在了。一问,原来是回福建老家看望老母亲去了。

至此,圣人之学的大门,已经朝着王阳明打开。王阳明也真正摒弃了释家、道教一类,他在《赠阳伯》中写道:"阳伯即伯阳,伯阳竟安在?大道即人心,万古未尝改。长生在求仁,金丹非外待。谬矣三十年,于今吾始悔!"谬哉三十年,正是王阳明此时此刻的真实感受,他的心学之路,从此萌芽。

弘治十七年(1504年),经过休养的王阳明,身体已经恢复得差不多了,于是他又回到北京。秋天,巡按山东的监察御史陆偁,特意聘请王阳明担任山东乡试的主考官。

山东,孔子家乡所在地。所以王阳明在《山东乡试录序》中写道:"山东,古齐、鲁、宋、卫之地,而吾夫子之乡也。尝读夫子《家语》，其门人高弟，大抵皆出于齐、鲁、宋、卫之叶，固愿一至其地，以观其山川之灵秀奇特，将必有如古人者生其间，而吾无从得之也。"因此，他特意拜谒了孔庙。主考山东，王阳明是充满期望的。"夫今之山东，犹古之山东也，虽今之不逮于古，顾亦宁无一二人如昔贤者？而今之所取苟不与焉，岂非司考校者不明之罪欤？"因而谨言慎行，生怕在主考期间出现差错。这一科所录取的举人，很多人后来都名重一时，其中聊城的穆孔晖就是这一年高中乡试解元。

主考结束，王阳明登上泰山，先后写了六首古风。《登泰山》其五："我才不救时，匡扶志空大。置我有无间，缓急非所赖。孤坐万峰颠，嗒然遗下块。已矣复何求？至精谅斯在。淡泊非虚查，洒脱无蒂芥。世人闻予言，不笑即吁怪。吾亦不强语，惟复笑相待。鲁叟不可作，此意聊自快。"从诗中不难读出王阳明因思想和见解与众不同而产生的苦恼，同时也体现了他洒脱超然的内心世界。

九月，王阳明改任兵部武选清吏司主事，职务上看起来是平调，但武选清吏司是兵部排第一位的部门，所以官品升到了正六品。这是王阳明年轻时一直向往的地方，可是，那个曾经梦想经略四方的青年才俊，思想已经发生了翻天覆地的变化，一如他不再迷恋释家、道教一样。

此时王阳明的心中，只有儒家圣学，像举子学、辞章学一类，嘴上虽然不说，但内心是极力反对的。然而王阳明又不得不面对程朱理学和陆象山的"心即理"学说。

陆九渊,字子静,号存斋,抚州金溪人,因在象山书院(今江西贵溪西南)讲学,又称"象山先生",学者称他为"陆象山"。陆九渊与朱熹齐名,主张"心即理"说,曾说"宇宙便是吾心,吾心即是宇宙"。又说"学苟知本,六经皆我注脚"。也就是陆九渊的出现,才有了心学和理学对立局面的初步形成,成就了儒家哲学一个新的高峰。

在大量阅读周敦颐、"二程"、朱熹、陆九渊的著作后,王阳明其实有了自己的选择。弘治十八年(1505年),三十四岁的王阳明,在京城提出"使人先立必为圣人之志"的观点,并且开始到处讲说。京都学子中那些头脑清醒的,听了他的讲说后,慢慢就有人心甘情愿拜入王阳明门下,恭恭敬敬地执弟子之礼。弟子渐渐多起来,王阳明于是开始收徒讲学。

然而,师友之道废弃已经很久,那些热衷举子学、辞章学的士大夫议论纷纷,有的还公开攻击王阳明,说王阳明标新立异,只为扬名。孤独的王阳明,在一片非议之中,竟然遇到了一位知音。

湛若水,字元明,号甘泉,广州府增城甘泉都(今增城新塘)人,师从名儒陈献章,是白沙学说的衣钵传人。湛若水继承陈献章学说,以"随处体认天理"为宗,提出"格物为体认天理"与"为学先须认仁,仁与天地万物为一体"的理念,之后创立了"甘泉学派"。

王阳明小湛若水六岁，但两人志同道合，所以惺惺相惜，一见如故，很快就成为知己。王阳明评价湛若水时说："守仁立世三十年，未见此人。"而湛若水评价王阳明时说："若水泛观于四方，未见此人。"于是两人一起倡导真正的圣学，不久后，湛若水的"甘泉学派"与王阳明的"阳明学"被时人并称为"王湛之学"。虽然后来两人的观点也出现了差异，但作为大儒，他们能够做到和而不同，因此并没有影响他们之间的情谊。

因谏致祸

弘治十八年（1505年）五月，孝宗皇帝朱祐樘驾崩，享年三十六岁。虽然孝宗临终时将大明江山托付给了贤臣刘健、李东阳、谢迁，但武宗朱厚照这个浪荡子即位，也标志着政治比较清明的弘治年代已经落下帷幕。

正德元年（1506年），武宗宠用太监张永、谷大用、马永成、高凤、罗祥、魏彬、丘聚、刘瑾八人，史称"八虎"。太监们教唆、引诱武宗吃喝玩乐，真是无所不用其极。从此武宗沉溺在荒诞淫巧中，全然不理朝政，国家大小事务都交给太监们去办理。于是朝臣和宦官针锋相对，形成了水火不相容的两大阵容。

内阁首辅刘健与内阁学士李东阳、谢迁等联合六部九卿的官员上疏请求诛杀八虎，武宗原本也曾心动，同意了朝臣们的奏请。然而礼部侍郎焦芳将消息泄露给了刘瑾，刘瑾伙同其他七虎，糊弄武宗，导致武宗改变主意。八虎非但没有被诛杀，反而都有提升，如刘瑾掌管司礼监、马永成掌管东厂、谷大用掌管西厂。刘健、李东阳、谢迁三位老臣无奈，只好上疏请求告老还乡。刘瑾假传圣旨，只留下了李东阳，于是刘健、谢迁被迫致仕离京。吏部尚书马文升、兵部尚书刘大夏惨遭阉党的杀害。给事中刘茝、吕翀见贤能、刚直的老臣免官后或离去，或被杀，担心朝中无人，国家大事恐怕更加无人受理，便冒死上疏请求挽留老臣，但武宗竟然不予采纳。

十月，陪都南京的六科给事戴铣、御史薄彦徽等得知消息，也是连夜上疏，言说老臣当留，太监不当用。刘瑾闻讯，再次挑起武宗怒火，下旨将戴铣等二十余人一并削职，派锦衣卫赶赴南京将他们押解到北京，廷杖之后关进监狱。

身在兵部的王阳明，平时沉浸于圣人之学，对政治上的争斗并不关心。但接二连三发生让人不可思议的事件，老臣离去、被杀，谏臣受阻、入狱，富有良知的王阳明怎么可能趋吉避凶、见死不救呢？于是他不顾生死，也上疏为南京戴铣等人鸣冤，请求释放他们并恢复他们的职务。他在《乞宥言官去权奸以章圣德疏》中写道：

"臣闻'君仁则臣直'。大舜之所以圣，以能隐恶而扬善也。臣迩者窃见陛下以南京户科给事中戴铣等上言时事，特敕锦衣卫差官校拿解赴京。……但铣等职居谏司，以言为责；其言而善，自宜嘉纳施行；如其未善，亦宜包容隐覆，以开忠谠之路。乃今赫然下令，远事拘囚，在陛下之心，不过少示惩创，使其后日不敢轻率妄有论列，非果有意怒绝之也。……惧陛下复以罪铣等者罪之,则非惟无补于国事,而徒足以增陛下之过举耳。……况今天时冻冱,万一差去官校督束过严,铣等在道或致失所,遂填沟壑,使陛下有杀谏臣之名,兴群臣纷纷之议,其时陛下必将追咎左右莫有言者,则既晚矣。伏愿陛下追收前旨,使铣等仍旧供职,扩大公无我之仁,明改过不吝之勇。圣德昭布远迩,人民胥悦,岂不休哉!

"臣又惟'君者,元首也;臣者,耳目手足也'。陛下思耳目之不可使壅塞,手足之不可使痿痹,必将恻然而有所不忍。臣承乏下僚,僭言实罪。伏睹陛下明旨有'政事得失,许诸人直言无隐'之条,故敢昧死为陛下一言。伏惟俯垂宥察,不胜干冒战栗之至!"

谏官言事,本来就有对错,对的,皇上采纳,错的,不予追责,这是历朝历代广开言论的一贯做法。但王阳明想救下戴铣等人,不能直指武宗的不是,所以在上疏中用词非常委婉,既没有攻击刘瑾等权宦,也没有去分析原委。

但是,王阳明没有想到,武宗可能根本就看不到他的上疏,就算看到了,也未必采纳他的意见,毕竟人微言轻,皇帝眼里肯定没有这么一个小小六品官的存在。反而,王阳明的上疏,属于逆风而行,惹得刘瑾勃然大怒,于是矫旨拿问王阳明,然后不分青红皂白将王阳明廷杖四十,投入大牢。

在狱中,王阳明苦读《易经》,研究中国最古老的哲学,思考庄子所说的"内圣外王"。所谓内圣外王,是古代修身为政的最高理想，指的是内备圣人的至德，施之于外，就是王者的政。然而当下朝廷混乱，政治衰败，让王阳明困惑不已。幸好经常有同僚前来探望，可以和他们讲道论学，心情渐渐好转起来，因此孤独的时候，还能在幽室之中歌咏度日。

正德二年（1507年）二月，王阳明被贬谪贵州修文龙场驿（贵阳西北七十里）任驿丞。父亲王华也受到牵连，原本是吏部左侍郎兼侍讲学士，被外放到南京担任吏部尚书，品级表面上看是提拔了，实际上到陪都任官，是降职处理。

王阳明领旨出了监狱，取了赴任文书，带上银两，准备离开京城。友人们纷纷前来送行，此时，大家都不愿意多说一句话，只有诗词才是最好的表达。

湛若水挥笔写就《九章赠别》，在序言中，湛若水写道："《九章》，赠阳明山人王伯安也。山人为天德王道之学，不偶于时，以言见谴，故首之以《窈窕》。窈窕比也，然而谴矣，终不忘乎爱君，故次之以《迟迟》。谴而去也，其友惜之，故次之以《黄鸟》。惜之非但已也，爰有心期，故次之以《北风》。道路所经，不无吊古之怀，故次之以《行行》。行必有赠与处，故次之以《我有》。赠非空言也，必本乎道义，故次之以《皇天》。皇天明无为也，无为则虚明自生，无朋从之思而道义出矣，故次之以《穷索》。穷索非穷索也，无思而无不思也，无为立矣，虚明生矣，道义出矣，然后能与天地为一体，宇宙为一家，感而通之，将无间乎离合，虽哀而不伤也，故次之以《天地》终焉。呜呼，山人将索我于形骸之外者,言语焉乎哉。"

其三:"黄鸟亦有友,空谷遗之音。相呼上乔木,意气感人深。君今脱网罟,遗我在远林。自我初识君,道义日与寻。一身当三益,誓死以同襟。生别各万里,言之伤我心。"其八:"穷索不穷索,穷索终役役。若惟不穷索,是物为我隔。大明无遗照,虚室亦生白。至哉虚明体,君子成诸默。"都道出了相送无语,一切尽在不言中的原因。

好友崔子钟也奉和五首,王阳明也作《阳明子之南也,其友湛元明歌九章以赠,崔子钟和之以五诗,于是阳明子作八咏以答之》。序言中说:"赴谪诗。正德丁卯年赴谪贵阳龙场驿作。"其一:"君莫歌九章,歌以伤我心。微言破寥寂,重以离别吟。别离悲尚浅,言微感逾深。瓦缶易谐俗,谁辨黄钟音?"在一片伤离之中,别有一番洒脱之情。其四:"此心还此理,宁论己与人!千古一嘘吸,谁为叹离群?浩浩天地内,何物非同春!相思辄奋励,无为俗所分。但使心无间,万里如相亲;不见宴游交,征逐胥以沦?"惺惺惜别的深情厚谊,见诸笔端。其七:"忆与美人别,赠我青琅函。受之不敢发,焚香始开缄。讽诵意弥远,期我濂洛间。道远恐莫致,庶几终不惭。"其八:"忆与美人别,惠我云锦裳。锦裳不足贵,遗我冰雪肠。寸肠亦何遗,誓言终不渝。珍重美人意,深秋以为期。"用意双关,一是答谢好友相赠,二是字里行间也表达了自己对家国命运的担忧和初心不改的寄意。

一路坎坷

告别好友，王阳明启程南下贵州。然而刘瑾却并不放心，他的前任司礼监大太监王岳，就是在贬往南京净水军的途中，被他派人杀害的。这次，刘瑾又故技重施，将刘健、谢迁、尚书韩文等五十三人列为奸党，还有王阳明等三百多名官员也在他的打击名单之上。这些人中，没有被当廷杖打而死的，自杀、逼死、发配、刺杀、引退、倾家荡产、侥幸活下来等等，命运各不相同。

而王阳明，廷杖活下来了，入狱活下来了，贬谪贵州要是还能活下来，对于刘瑾来说，必定后患无穷。于是刘瑾安排两个杀手尾随王阳明，伺机刺杀。有了王岳的前车之鉴，王阳明也是处处提防。

夏天，王阳明到了杭州，住宿在西子湖畔的胜果寺，此时杀手也尾随而至。正在王阳明考虑如何脱身的时候，大弟王守俭奉父亲王华的命令前来相见。兄弟二人合谋一番，脱身的办法已然有了。

入夜，借着禅房昏暗的灯光，王阳明在墙壁上题下《绝命诗》:"学道无闻岁月虚,天乎生我欲何如?生曾许国惭无补,死不忘亲痛有余。自信孤忠悬日月,岂论遗骨葬江鱼。百年臣子悲何极,日夜潮声泣子胥。"随后在大弟王守俭的掩护下,趁着夜色,来到钱塘江边,将礼帽、鞋子和一些诗稿、行李扔在堤岸上,制造了一个投江自尽的现场,继而搭上事先约好的商船,离开了杭州。

次日,杀手看到墙壁上的《绝命诗》,便到处寻找,最后找到江边,看到遗弃的鞋帽、诗稿和行李,判断王阳明已经被逼得走投无路跳江自尽了,于是回北京复命。

而民间传说的版本有所不同,更具戏剧性。民间流传的经过是这样的:杀手在杭州追上了王阳明。王阳明淡定地对两个杀手说:"我是朝廷的官吏,你们不能就这样杀了我。"杀手抽出刀来说:"我们可管不了这么多,今天不杀了你,我们全家都没好日子过。"王阳明连忙说:"如果你们用刀把我杀了,这场面也太凄惨了,你们于心何忍啊。"面对一个"文弱"书生,杀手倒是没有放在心上,说:"要不就把你吊死吧?"王阳明说:"吊死不也很惨么!"于是两个杀手竟然和王阳明讨论起来,应该怎么个死法好,既能回去交差,又能让王阳明走得痛快。

最后,王阳明说:"要不这样,我还是自己跳河自尽,就不用你们动手了,如此你们既没有滥杀无辜,也能回去复命领赏。"两个杀手居然点头答应,把王阳明拉到河边,让他自己投河。

当时已经入夜,伸手不见五指,王阳明慢慢往钱塘江深处走去，两个杀手在岸上一直盯着。突然间只听到"扑通"一声，水面上不见人影了。两个杀手观看了一会，确定没有再冒头出来，捡起王阳明的一双鞋就回去交差了。实际上王阳明只是扔了一块石头到水里，制造了跳河的假象，自己则顺着江水漂游了一会，直到杀手走远，才上了岸。

言归正传，王阳明连夜乘坐商船出了钱塘江，天亮后停泊在舟山群岛，王阳明趁空闲到岛上游览了一番，之后回到船上继续前行，却遇到台风大作，商船无法控制，只能听天由命随风漂荡。在船上颠簸着，王阳明思绪万千，想起了离开北京时前来送行的好友汪俊。汪俊，字抑之，江西人，是王阳明弘治六年（1493年）参加会试时认识的。当年王阳明落第，汪俊高中状元。两人十分要好，怜惜之情尤见。于是，王阳明写了《一日怀抑之也抑之之赠既尝答以三诗意若有歉焉是以赋也》：

其一："一日复一日，去子日以远。惠我金石言，沉郁未能展。人生各有际，道谊尤所眷。常嗤儿女悲，忧来仍不免。缅怀沧洲期，聊以慰迟晚。"其二："迟晚不足叹，人命各有常。相去忽万里，河山郁苍苍。中夜不能寐，起视江月光。中情良自抑，美人难自忘。"其三："美人隔江水，仿佛若可睹。风吹蒹葭雪，飘荡知何处？美人有瑶瑟，清奏含太古。高楼明月夜，惆怅为谁鼓？"

写罢诗篇，倒头就睡，竟然梦到和汪俊交谈，而且湛若水、崔子钟都在，四人相谈甚欢。是梦总要醒，醒来方知梦，失落之余，王阳明又挥笔写就《梦与抑之昆季语湛崔皆在焉觉而有感因记以诗三首》：

其一："梦与故人语，语我以相思。才为旬日别，宛若三秋期。令弟坐我侧，屈指如有为。须臾湛君至，崔子行相随。肴醑旋罗列，语笑如平时。纵言及微奥，会意忘其辞。觉来复何有？起坐空嗟咨！"其二："起坐忆所梦，默溯犹历历。初谈自有形，继论入无极。无极生往来，往来万化出；万化无停机，往来何时息！来者胡为信？往者胡为屈？微哉屈信间，子午当其屈。非子尽精微，此理谁与测？何当衡庐间，相携玩羲《易》。"其三："衡庐曾有约，相携尚无时。去事多翻覆，来踪岂前知？斜月满虚牖，树影何参差；林风正萧瑟，惊鹊无宁枝。邈彼二三子，怒焉劳我思。"

这梦里的事，在王阳明的笔下，竟然如此栩栩如生。

商船在大海上漂荡了一天一夜后，海面终于回归到风平浪静，此时，商船已经到了福建。

王阳明上岸，没有去热闹的市镇，而是径直向武夷山而去。不知不觉中走了几十里的路程，天色已经暗淡下来。只见山中有一座寺庙，于是就叩门借宿。和尚见他行囊沉重，料想必定有不少银两，暗自寻思，在这荒山野岭，如果此人被老虎吃了，那么行囊中的财物，自然就是自己的了。于是，和尚竟断然拒绝了王阳明。

恳求不允，王阳明只好转身就走，终于找到一座荒废的破庙。船上一日一夜的颠簸加上几十里路的劳累，王阳明进庙后倒头就睡。到了半夜，猛地听到庙外一声大吼，惊醒之后的王阳明定睛一看，一只老虎正盯着破庙来回走动，不敢进来。此时的王阳明本来已经十分疲倦，心想自己历尽千辛万苦，死里逃生，什么没有见过，反正生死有命，老虎你要吃就吃，我还是要好好睡一觉才行。心念既定，躺下依然安睡。

次日天亮，庙里的和尚乐呵呵地赶来，盘算着自己将会有一笔意外的收获。可他走进破庙一看，大吃一惊：王阳明靠着香案，酣睡安然。和尚目瞪口呆之余，顿时觉得这不是个平常之人。于是叫醒王阳明，询问名姓、来历、去往，还邀请王阳明到庙里休息。这事在王阳明的诗中也有记载，《杂诗三首》其一写道："危栈断我前，猛虎尾我后；倒崖落我左，绝壑临我右。我足复荆榛，雨雪更纷骤。邈然思古人，无闷聊自有。无闷虽足珍，警惕忘尔守。君观真宰意，匪薄亦良厚。"

和尚带着王阳明来到庙中，热情招待，并来到内室，给王阳明引见一位异人。两人行礼，异人从案上抽出一张纸，交给王阳明。王阳明一看，上面有一首诗，其中一句写道："二十年前曾见君，今来消息我先闻。"王阳明抬头定睛再看异人，有一种似曾相识的感觉，猛然间想起，这不就是十七年前，新婚之夜在江西铁柱宫遇见的道士吗？

于是两人坐下喝茶交谈。王阳明把十多年来的经历简单概述，道士听后一声长叹，问道："你今后打算怎么安排呢？"王阳明说："时下刘瑾等阉党专权，正人君子们都隐居不再出来，我也要离开这喧嚣杂乱的尘世，隐藏到山中去。"道士听后摇头劝慰道:"这样做恐怕有些不妥当,可能会给你家带来弥天大祸。想想你的父亲还在陪都为官,刘瑾肯定也想找机会除之而后快的。就拿你假死的事来说,瞒得过那两个杀手,未必能瞒得过刘瑾这样的小人。你如果隐居不出,刘瑾必定给你父亲安上一个纵子逃遁的罪名,那就是抗旨不遵了呀,想想你父亲又该如何应付?又如果有人假借你的名声出来行事,朝廷也会追责你们王家,到时候可能满门抄斩,祸及九族。所以将来的事情,是祸是福,全在你今天决定是出还是入了。"

王阳明一愣,心中如同打翻了五味瓶。于是决定先回绍兴探亲,然后再到贵州赴任。主意一定,低头片刻,提起毛笔在墙壁上写下《武夷次壁间韵》一首:"肩舆飞度万峰云,回首沧波月下闻。海上真为沧水使,山中又遇武夷君。溪流九曲初谙路,精舍千年始及门。归去高堂慰垂白,细探更拟在春分。"

当天,王阳明告别道士,离开了武夷山。

王阳明经鄱阳湖,几番转折后到了南京。这时候他第一个想见的人,是他的父亲王华。满头白发的王华,虽然从王守俭那得知儿子已经逃脱,但久无音讯,生死不知,这突然间看到王阳明出现在自己眼前,就一直念叨着"回来就好"。等情绪安定后,王华问儿子:"接下来打算如何安排?"王阳明一旁垂手恭立,说:"我回来就是想听听父亲的训示,再决定今后怎么办。"王华痛惜地说:"既然朝廷委派你到贵州,你身上就承担了责任,休养一段时间,还是去上任吧。"

几天后，王阳明又来到杭州，再次住进了胜果寺，这时候已经是秋天了。关于王阳明的消息，在杭州城里有各种传言：有说在钱塘江投水自尽的，有说在海上遇难的，有说在福建起死回生的。王阳明听罢微微一笑。这时，千里之外也有一个人听了这些传言后，微微一笑。这人就是湛若水。湛若水在听到传闻后淡然笑道："这是王阳明在装疯逃避尘世啊。"几年后，两人相会，说起其中的种种，王阳明如实相告，正应了湛若水的那句话。王阳明去世后，湛若水在《阳明先生墓志铭》中，简明地记录了这件事。

十二月，王阳明回绍兴，正式收徐爱为首席大弟子。徐爱，字曰仁，号横山，浙江余姚马堰人，据说也是王阳明的妹夫（有说徐爱娶的是王阳明之妹王守让）。接着又收蔡宗兖、朱节为徒。蔡宗兖，字希渊，又字希颜，浙江山阴（今绍兴）人。朱节，字守中、守忠，号白浦，浙江山阴人。这三人都可以说是王阳明的同乡，王阳明曾评价他的三个弟子说："希颜之深潜，守忠之明敏，曰仁之温恭，皆予所不逮。"

三人在当年的乡试中，同时中举，又全部入选被推荐到国子监学习。赴京之前，三人依依作别，王阳明写下《别三子序》，当作临别的赠言：

"自程、朱诸大儒没而师友之道遂亡。《六经》分裂于训诂，支离芜蔓于辞章业举之习，圣学几于息矣。有志之士思起而兴之，然卒徘徊咨嗟，逡巡而不振；因弛然自废者，亦志之弗立，弗讲于师友之道也。夫一人为之，二人从而翼之，已而翼之者益众焉，虽有难为之事，其弗成者鲜矣。一人为之，二人从而危之，已而危之者益众焉，虽有易成之功，其克济者亦鲜矣。故凡有志之士，必求助于师友。无师友之助者，志之弗立弗求者也。……盖自近年而又得蔡希颜、朱守忠于山阴之白洋，得徐曰仁于余姚之马堰。曰仁，予妹婿也。希颜之深潜，守忠之明敏，曰仁之温恭，皆予所不逮。……

"今年三子者为有司所选，一举而尽之。何予得之之难，而有司者袭取之之易也！予未暇以得举为三子喜，而先以失助为予憾；三子亦无喜于其得举，而方且憾于其去予也。……三子行矣，遂使举进士，任职就列，吾知其能也，然而非所欲也。使遂不进而归，咏歌优游有日，吾知其乐也，然而未可必也。天将降大任于是人，必先违其所乐而投之于其所不欲，所以衡心拂虑而增其所不能。是玉之成也，其在兹行欤！……苟三子之学成，虽不吾迩，其为同志之助也，不多乎哉！

"增城湛原明宦于京师，吾之同道友也，三子往见焉，犹吾见也已。"

最后特意交代三位弟子，到京城可以拜见湛若水，也从侧面证明了阳明子和甘泉子的深厚友情。

所居何陋

送别三位弟子赴京,王阳明也该赶赴贵州龙场就任了。

从绍兴去贵州,需要经过江西,转道湖南,其间山山水水,艰难无比。好在文人的风骨,总能寄托在诗词之中。在萍乡夜宿宣风馆,王阳明写下了:"山石崎岖古辙痕,沙溪马渡水犹浑。夕阳归鸟投深麓,烟火行人望远村。天际浮云生白发,林间孤月坐黄昏。越南冀北俱千里,正恐春愁入夜魂!"夜宿武云观,王阳明又写下了:"晓行山径树高低,雨后春泥没马蹄。翠色绝云开远嶂,寒声隔竹隐晴溪。已闻南去艰舟楫,漫忆东归泪杖藜。夜宿仙家见明月,清光还似鉴湖西。"

过了醴陵,王阳明特意绕道汨罗。屈原,是必须去凭吊的。怀古吊今,这几年的坎坷,激发了王阳明内心深处的悲愤,于是,一篇《吊屈平赋》横空出世:

"正德丙寅,某以罪谪贵阳,取道沅、湘。感屈原之事,为文而吊之。其词曰:

'山黯惨兮江夜波,风飕飕兮木落森柯。泛中流兮焉泊?湛椒醑兮吊湘累。云冥冥兮月星蔽晦，冰崚嶒兮霰又下。累之宫兮安在？怅无见兮愁予。高岸兮嶔崎，纷纠错兮樛枝。下深渊兮不恻，穴濒洞兮蛟螭。山岑兮无极，空谷谽谺兮迥寥寂。猿啾啾兮吟雨，熊罴嗥兮虎交迹。念累之穷兮焉托处？四山无人兮骇狐鼠；魍魅游兮群跳啸，瞰出入兮为累奸宄。嫉累正直兮反诋为殃，昵比上官兮子兰为臧。幽丛薄兮畴侣，怀故都兮增伤。望九疑兮参差，就重华兮陈辞。沮积雪兮涧道绝，洞庭渺邈兮天路迷。要彭咸兮江潭，召申屠兮使骖。娥鼓瑟兮冯夷舞，聊遨游兮湘之浦。乘回波兮泊兰渚，眷故都兮独延伫。君不还兮郢为墟，心壹郁兮欲谁语！郢为墟兮函崤亦焚，逸鬼逋戮兮快不酬冤。历千载兮耿忠愊，君可复兮排帝阍。望遁迹兮渭阳，箕懼囚兮其伴以狂。艰贞兮晦明，怀若人兮将予退藏。宗国沦兮摧腑肝，忠愤激兮中道难。勉低回兮不忍，溘自沉兮心所安。雄之诔兮逸喙，众狂稚兮谓累扬己。为魍为魅兮为逸媵妾，累视若鼠兮佞颊有沘。累忽举兮云中，龙旂晻霭兮飘风；横四海兮倏忽，驷玉虬兮上冲；降望兮大壑，山川萧条兮涨寥廓。逝远去兮无穷，怀故都兮蜷局。'

"乱曰：日西夕兮沅湘流，楚山嵯峨兮无冬秋。累不见兮涕泗，世愈隘兮孰知我忧！"

文人不幸的遭遇，大抵相仿，这篇文章说是在凭吊屈子，其实也是在凭吊王阳明自己。

赶赴龙场驿途中的所见所闻，也让王阳明体察到了民间最底层的悲痛和苦楚。

在湖南地界，王阳明遇到了一个年轻寡居的妇人。她因为过度劳累而衰老，被丈夫休弃。妇人能够坚持活下来，完全是因为挂念自己的儿子。这让王阳明不禁想起了白居易的《琵琶行》，于是在行途中写下了《去妇叹五首》。其中有"命薄良自喟，敢忘君子贤""妾行长已矣，会面当无时""畜育意千绪，仓卒徒悲酸""群鸟各有托，孤妾去何之"等深情、感叹的句子。

除夕之夜，王阳明一行是在船上度过的，其中的孤独和悲楚，无从言表，也只能在诗词中聊为抒发。《舟中除夕二首》其一："扁舟除夕尚穷途，荆楚还怜俗未殊。处处送神悬楮马，家家迎岁换桃符。江醪信薄聊相慰，世路多歧谩自吁！白发频年伤远别，彩衣何日是庭趋？"其二："远客天涯又岁除，孤航随处亦吾庐。也知世上风波满，还恋山中木石居。事业无心从齿发，亲交多难绝音书。江湖未就新春计，夜半樵歌忽起予。"

正德三年（1508年）春，王阳明一路颠簸历经千辛万苦，终于到达贵州，因为自己是逐臣之身，根本就不敢去拜见上司，于是直接来到了龙场驿。

龙场驿距离贵阳大约八十里，也就是现在的修文县城，在当时是一片尚未开化的荒凉地区，"万山丛薄，苗、僚杂居"，刀耕火种，贫困落后。明洪武十六年（1383年），贵州宣慰使奢香夫人（彝族，名舍兹，又名朴娄奢恒）因被都指挥使马晔污辱袭击，被迫上京面见太祖朱元璋。朱元璋召回马晔，以"开边衅，擅辱命妇"之罪将其关入大牢，并对奢香进行赏赐和抚慰。奢香为报答明太祖的恩典，开辟以偏桥（今施秉境）为中心的水陆两条驿道，陆路向北经草塘、六广（皆今修文境）至黔西、大方到毕节二铺，史称"龙场九驿"，包括龙场驿、陆广驿、谷里驿、水西驿、西溪驿（也叫奢香驿）、金鸡驿、阁鸦驿、归化驿和毕节驿。龙场驿是水西九驿的首驿，于明洪武十七年（1384年）建成，设驿丞、吏役各一人，管理马匹、铺陈若干。

如此荒凉的地方，整天面对一群穿着奇异的苗民，其中还混杂了从中原逃亡而来的亡命之徒。这里分明就是刘瑾想假借苗民之手杀害自己的死地啊。王阳明略带一丝苦笑，长叹了一声。幸好，在来龙场驿的途中，他又收下了一名弟子——冀元亨，字惟乾，湖广司常德府武陵人。有弟子的陪伴，王阳明心中多了一份慰藉。

驿站的房屋早已破烂不堪，王阳明在离驿站不远的山坡上找到一个山洞，叫东洞，可以住下十多个人。于是，王阳明和仆人、家童一起，在山洞旁搭建了一个简单的草棚，暂时得以安身。这在王阳明的诗作中也有记录，如《初至龙场无所止结草庵居之》："草庵不及肩，旅倦体方适。开棘自成篱，土阶漫无级。迎风亦萧疏，漏雨易补缉。灵濑响朝湍，深林凝暮色。群獠环聚讯，语庞意颇质。鹿豕且同游，兹类犹人属。污樽映瓦豆，尽醉不知夕。缅怀黄唐化，略称茅茨迹。"

草棚、东洞，文人的居所岂能没有个文雅的名称，于是，王阳明将东洞冠名为"阳明小洞天",有诗为证——《始得东洞遂改为阳明小洞天三首》。其一:"古洞闷荒僻,虚设疑相待。披莱历风磴,移居快幽垲。营炊就岩窦,放榻依石垒。穹室旋薰塞,夷坎仍扫洒。卷帙漫堆列,樽壶动光彩。夷居信何陋,恬淡意方在。岂不桑梓怀?素位聊无悔。"其二:"童仆自相语,洞居颇不恶。人力免结构,天巧谢雕凿。清泉傍厨落,翠雾还成幕。我辈日嬉偃,主人自愉乐。虽无荣戟荣,且远尘嚣聒。但恐霜雪凝,云深衣絮薄。"其三:"我闻莞尔笑,周虑愧尔言。上古处巢窟,杯饮皆污樽。冱极阳内伏,石穴多冬暄。豹隐文始泽,龙蛰身乃存。岂无数尺榱,轻裘吾不温。邈矣箪瓢子,此心期与论。"简单的山洞和草棚,不但富有生活情趣,而且平添了诗意。

当时的苗民住在山洞里,连茅草房都没有。他们对汉人所存的成见,颇有历史渊源。大概以前汉人并没有对他们进行安抚教化,而只知道烧杀掠夺,所以苗民大多视汉人为仇敌。每次有汉人新官前来就任,苗民就会到蛊神前虔诚占卜,如果是凶兆,就会用蛊来伤害汉人的性命。王阳明来了之后,苗民占卜,居然是个吉兆,因而他安全过关了。所以苗民也慢慢地主动来接近他。王阳明本来就是心学大家,于是趁机观察、了解苗民的性情、风俗,发现苗民并不像传说中那样野蛮,他们非常朴质,并没有所谓文明人的狡诈多变。因此,王阳明开心了,有了根据风俗开化当地人的想法。

君子固穷,但为了解决粮食问题,王阳明不得不向苗民学习刀耕火种，因此深受苗民敬佩。所谓刀耕火种，就是在山上找块地方放火，烧出一片焦土，然后翻动土壤，进行耕种。放火一来可以烧掉荆棘，驱赶害虫和毒蛇，二来灰烬可以当作肥料。在《谪居绝粮请学于农将田南山永言寄怀》中，王阳明用诗篇记录了这段生活："谪居屡在陈，从者有愠见。山荒聊可田，钱镈还易办。夷俗多火耕，仿习亦颇便。及兹春未深，数亩犹足佃。岂徒实口腹？且以理荒宴。遗穗及鸟雀，贫寡发余羡。出来在明晨，山寒易霜霰。"

山洞潮湿，长久居住的话，会严重影响身体健康。王阳明带着苗民，寻找黏土，教会他们做成土坯，烧窑做成砖头，然后到森林里伐木，建造了第一所房子。王阳明给房子取名叫作"何陋轩"，并写下《何陋轩记》：

"昔孔子欲居九夷，人以为陋。孔子曰：'君子居之，何陋之有？'

"守仁以罪谪龙场，龙场古夷蔡之外，于今为要绥，而习类尚因其故。人皆以予自上国往，将陋其地，弗能居也。

"而予处之旬月，安而乐之，求其所谓甚陋者而莫得。……盖古之时，法制未备，则有然矣，不得以为陋也。

"夫爱憎面背，乱白黝丹，浚奸穷黠，外良而中螫，诸夏盖不免焉。……夷之人乃不能此，其好言恶詈，直情率遂，则有矣。世徒以其言辞物采之眇而陋之，吾不谓然也。

"始予至，无室以止，居于丛棘之间，则郁也；迁于东峰，就石穴而居之，……予尝圃于丛棘之右，民谓予之乐之也，相与伐木阁之材，就其地为轩以居予。

"予因而翳之以桧竹，莳之以卉药，列堂阶，辩室奥，琴编图史，讲诵游适之道略具，学士之来游者，亦稍稍而集。于是人之及吾轩者，若观于通都焉，而予亦忘予之居夷也。因名之曰'何陋'，以信孔子之言。

"……今夷之俗，崇巫而事鬼，渎礼而任情，不中不节，卒未免于陋之名，则亦不讲于是耳。然此无损于其质也。诚有君子而居焉，其化之也盖易。而予非其人也，记之以俟来者。"

这样的房子，苗民看着很喜欢，于是又建了不少，王阳明继续给取名，比如"君子亭""宾阳堂""玩易窝""龙冈书院"等，还写了《君子亭记》《玩易窝记》等好几篇文章。其中龙冈书院是给苗民、彝民讲授文化用的，是他教化民心的开始，龙场驿有文化也是从这时候开始的。在《龙冈新构》序言中，他说："诸夷以予穴居颇阴湿，请构小庐。欣然趋事，不月而成。诸生闻之，亦皆来集，请名龙冈书院，其轩曰'何陋'。"其一："谪居聊假息，荒秽亦须治。凿巇薙林条，小构自成趣。开窗入远峰，架扉出深树。墟寨俯逶迤，竹木互蒙翳。畦蔬稍溉锄，花药颇杂莳。宴适岂专予，来者得同憩。轮奂非致美，毋令易倾敞。"其二："营茅乘田隙，洽旬始苟完。初心待风雨，落成还美观。锄荒既开径，拓樊亦理园。低檐避松偃，疏土行竹根。勿剪墙下棘，束列因可藩。莫撷林间萝，蒙笼覆云轩。素缺农圃学，因兹得深论。毋为轻鄙事，吾道固斯存。"

看到王阳明能够自己解决吃住问题，而且还开办书院教大家认字、说官话，苗民们心中越来越喜欢这个朝廷派来的小官。然而，远在京城的刘瑾看到贵州长官上报王阳明已经到龙场驿赴任的消息，心中十分不爽。王阳明心中自然明白，所以也就抱着一种随缘的心态，经常端坐思考，琢磨圣人之学。可是没多久，随从的仆人、家童因为山间的瘴气，接连病倒。王阳明还得亲自砍柴、挑水、煮饭、煎药，为了让他们尽快好起来，还给他们喂饭喂药。又担心他们心情不好，就唱歌、吟诗给他们听。但是仆人家童哪能听懂这些，依然闷闷不乐。王阳明又改口唱起江南小调、戏曲，讲一些古今的笑话、小故事。心情一好，身体自然也就恢复得很快。王阳明一时诗兴大发，写就《龙冈漫兴五首》：

其一："投荒万里入炎州，却喜官卑得自由。心在夷居何有陋？身虽吏隐未忘忧。春山卉服时相问，雪寨蓝舆每独游。拟把犁锄从许子，谩将弦诵止言游。"这首诗体现了王阳明坦然自若、随遇而安的心态。其二："旅况萧条寄草堂，虚檐落日自生凉。芳春已共烟花尽，孟夏俄惊草木长。绝壁千寻凌杳霭，深崖六月宿冰霜。人间不有宣尼叟，谁信申韩未是刚？"既是劫后情怀的体现，也是王阳明反思人生之后的质问。其三："路僻官卑病益闲，空林惟听鸟间关。地无医药凭书卷，身处蛮夷亦故山。用世谩怀伊尹耻，思家独切老莱斑。梦魂兼喜无余事，只在耶溪舜水湾。"这是王阳明对于忠孝难全的感慨。其四："卧龙一去忘消息，千古龙冈漫有名。草屋何人方管乐，桑间无耳听《咸英》。江沙漠漠遗云鸟，草木萧萧动甲兵。好共鹿门庞处士，相期采药入青冥。"读来能够感觉到王阳明不甘而又关切的情感。其五:"归与吾道在沧浪,颜氏何曾击柝忙?枉尺已非贤者事,斫轮徒有古人方。白云晚忆归岩洞,苍藓春应遍石床。寄语峰头双白鹤,野夫终不久龙场。"这是王阳明秉性和抱负的展现,虽然蜗居在苗彝之地,但所寄托的是心有天下的豪情壮志。

龙场悟道

在这清贫、忧患的日子里，王阳明专心致志于《大学》的"格物"一说，夜以继日，沉迷其中。四书五经、程朱理学、释家道家，一一在脑海中闪过，先代圣人孔子、孟子都是点到为止，而后来各家的理解又千差万别。

对于程朱理学的"格物致知"，王阳明有过格竹失败的经历，心中充满疑惑和不解。而程颢说，万物只有一个天理，"人欲"和"天理"二者不能相容，因此后来的朱熹提出"存天理，灭人欲"，对此，王阳明有所质疑，人的正常欲望怎么能够都灭了呢？

也许正是这远离中原尘世、远离朝廷争斗的清静环境，突然间，王阳明想通了。圣人的道，是在各自的心中去追求的，和外界的一切并无实质的关系，完全可以自己满足。身外枝节蔓延，想在这中间寻求事物的原理，是天大的错误。格物，是正物，正其不正，到最终就是正自己的心，而没有了物。心所发生的任何念头才是物。这就是王阳明认识到的"圣人之道，吾性自足，向之求理于事物者误也"。

简单地说，就是人如果能够做到为善去恶，就是格物的功夫，格物致知的知，是心的本体，看到父母就知道孝顺，看到兄长就知道敬爱，看到小孩子掉落井中就自然而然地心生恻隐，这就是人性本来就有的良知，不用假借身外之物来探求。有了恻隐之心，能够达到一个具有一定高度的层面，就是仁。如此一直往后推究，就到治国、平天下了。如果要归纳为一句话，那就是："心即理！"而要做到心即理，前提就是"致良知"。

致良知，语出《孟子·尽心上》："孟子曰：'人之所不学而能者，其良能也；所不虑而知者，其良知也。孩提之童，无不知爱其亲者；及其长也，无不知敬其兄也。亲亲，仁也；敬长，义也。无他，达之天下也。'"而《大学》有"致知在格物"。王阳明认为，"致知"就是致自己心中内在的良知。这里所说的"良知"，是道德意识，是作为人所特有的最高本体。良知人人都具有，能够自给自足，是不需要借助外力的内在所有。"致良知"就是将良知推广扩充到世间万事万物。"致"本身就是知和行的过程，因而也就是知行合一。

大道自在人心啊。兴奋的王阳明，写下了《教条示龙场诸生》一文：

"诸生相从于此，甚盛。恐无能为助也，以四事相规，聊以答诸生之意：一曰立志，二曰勤学，三曰改过，四曰责善。其慎听毋忽！

"立志：'志不立，天下无可成之事，……故立志而圣，则圣矣；立志而贤，则贤矣；志不立，如无舵之舟，无衔之马，漂荡

奔逸,终亦何所底乎?……'

"勤学:'已立志为君子,自当从事于学。凡学之不勤,必其志之尚未笃也。从吾游者,不以聪慧警捷为高,而以勤确谦抑为上。……苟有谦默自持,无能自处,笃志力行,勤学好问;称人之善,而咎己之失;从人之长,而明己之短,忠信乐易,表里一致者,使其人资禀虽甚鲁钝,侪辈之中,有弗称慕之者乎?……'

"改过:'夫过者,自大贤所不免,然不害其卒为大贤者,为其能改也。故不贵于无过,而贵于能改过。……'

"责善:'责善,朋友之道,然须忠告而善道之,悉其忠爱,致其婉曲,使彼闻之而可从,绎之而可改,有所感而无所怒,乃为善耳。……故凡讦人之短,攻发人之阴私以沽直者,皆不可以言责善。……凡攻我之失者皆我师也,安可以不乐受而心感之乎?……使吾而是也,因得以明其是;吾而非也,因得以去其非:盖教学相长也。诸生责善,当自吾始。'"

这就是著名的"龙场悟道"。不但成就了王阳明,还开启了王阳明"心学"的全新篇章。

既然心中已经打开一扇大门,那么自己所参悟的正确与否,就需要用先代圣人的典籍来验证了。于是他在脑海中回放《周易》《尚书》《诗经》《礼记》《春秋》,每段每句逐一来与自己的心得对照印证,原来大多数的观点都是吻合的,只是和朱熹的说法有很大的差异。朱熹详注四书五经,自宋至明,已经是学界公认的权威，这又让王阳明不得不更加深入地思考、对比、论证。最后，王阳明得出结论，朱熹的注释很多地方因为误读而强行注解，所以前后矛盾的地方比比皆是。于是，花了大概七个月的时间，王阳明写就了《五经臆说》。

可惜，王阳明后来把这些文字基本都付之一炬，这就是他和朱熹的不同。朱熹认为自己理解的是完全正确的，可以开一代风气，而王阳明觉得自己的解读，很有可能扰乱正宗的儒家学术，所以，就只留下了为数不多的十三卷，估计还是在焚烧的时候一时疏忽而散落的手稿。

幸好，我们能够从保留下来的《五经臆说序》中，了解一下这本书的大概旨意：

"得鱼而忘筌，醴尽而糟粕弃之。鱼醴之未得，而曰是筌与糟粕也，鱼与醴终不可得矣。《五经》，圣人之学具焉。然自其已闻者而言之，其于道也，亦筌与糟粕耳。窃尝怪夫世之儒者求鱼于筌，而谓糟粕之为醴也。夫谓糟粕之为醴，犹近也，糟粕之中而醴存。求鱼于筌，则筌与鱼远矣。

"龙场居南夷万山中，书卷不可携，日坐石穴，默记旧所读书而录之。意有所得，辄为之训释。期有七月而《五经》之旨略遍，名之曰《臆说》。盖不必尽合于先贤，聊写其胸臆之见，而因以娱情养性焉耳。则吾之为是，固又忘鱼而钓，寄兴于曲蘗，而非诚旨于味者矣。呜呼！观吾之说而不得其心，以为是亦筌与糟粕也，从而求鱼与醴焉，则失之矣。

"夫说凡四十六卷，《经》各十，而《礼》之说尚多缺，仅六卷云。"

翻译成现代文,说的就是:捕到鱼后要把捕鱼的工具忘掉,米酒榨尽后要把剩下的酒糟扔掉。但是如果还没有捕到鱼、还没有酿出米酒的时候,就认为那不过是渔具和酒糟的话,那就永远也抓不到鱼、酿不出酒。《五经》,圣人的学问全部都在里面。然而对于已经闻道的人来说,《五经》对于道,也不过是渔具和酒糟而已。我曾经私底下责怪这世上有些儒家学者对着渔具想要得到鱼,又把酒糟当成米酒。如果说把酒糟当作米酒,倒还是有些近似,毕竟酒糟中是有米酒存在的。但是面对渔具想要当作鱼,那渔具和鱼就相差太远了。

龙场地处南方蛮夷万山丛中,书籍没法携带很多过来,我每天只能静坐在石洞中,默默回忆以前读过的书并且抄录下来。心中如果有所体悟,就写下来作为注解。前后大概用了七个月时间,将《五经》的主旨略微重新思考了一遍,给它取名为《臆说》。大概也不必和先贤的本意完全一致,姑且抒发一下内心的感悟,用来陶冶心情修养心性而已。那么我做这件事,必定也变成不是为了钓鱼而钓鱼,把兴趣寄托在酒糟,就不是诚心在《五经》的旨意和体会了。唉!如果看到我写的《臆说》而不能在内心有所体悟,认为也就是渔具和酒糟而已,而又想因此得到鱼和米酒,那就偏离我本意了。

《臆说》一共四十六卷,《五经》各十卷,而《礼记》因为缺失的部分比较多,就只有六卷了。

所以,《五经臆说》虽然没有完整地保留下来,但绝对是王阳明构建自己心学体系的最初理论，虽然这时期并没有明确提出"致良知"的观点，但完全具备了"良知"的内涵。这大概也是王阳明焚烧手稿的原因，因为后来他有了完整的"致良知"体系，所以，《五经臆说》对于他的心学来说，已经没有存在的必要了。

所保留下来的十三卷手稿，是钱德洪为王阳明治丧时发现的，也就成了王阳明心学发展的一个重要见证。

这一年秋天，首席弟子徐爱进士及第，此后历任祁州知州、南京兵部员外郎、南京工部郎中等职务。

化解危机

时间一长,王阳明的名声一天天大了起来,慕名而来的学子日益增多,当然,最能从王阳明授课中得益的,还是近水楼台先得月的苗民。面对那些好学的年轻人,王阳明自然十分开心,写下了不少诗作。

如《诸生来》:"笥滞动濩各,废幽得幸免。夷居虽异俗,野朴意所眷。思亲独疚心,疾忧庸自遣。门生颇群集,樽罍亦时展。讲习性所乐,记问复怀靦。林行或沿涧,洞游还陟巘。月榭坐鸣琴,云窗卧披卷。澹泊生道真,旷达匪荒宴。岂必鹿门栖,自得乃高践。"又如《诸生夜坐》:"谪居澹虚寂,眇然怀同游。日入山气夕,孤亭俯平畴。草际见数骑,取径如相求。渐近识颜面,隔树停鸣驺。投辖雁鹜进,携榼各有羞。分席夜堂坐,绛蜡清樽浮。鸣琴复散帙,壶矢交觥筹。夜弄溪上月,晓陟林间丘。村翁或招饮,洞客偕探幽。讲习有真乐,谈笑无俗流。缅怀风沂兴,千载相为谋。"再如《诸生》:"人生多离别,佳会难再遇。如何百里来,三宿便辞去?有琴不肯弹,有酒不肯御。远陟见深情,宁予有弗顾?洞云还自栖,溪月谁同步?不念南寺时,寒江雪将暮?不记西园日,桃花夹川路?相去倏几月,秋风落高树。富贵犹尘沙,浮名亦飞絮。嗟我二三子,吾道有真趣。胡不携书来,茆堂好同住!"文人写诗,往往最见性情,情怀、秉性、寄托,都能在诗作中体现。像"谈笑无俗流""吾道有真趣"这样的诗句,不难解读王阳明当时的心境。

远近求文的人非常多,请王阳明写序言、碑文、书法的,不一而足。这期间王阳明因此写了不少这样的文章,如《远俗亭记》《象祠记》《卧马冢记》《重修月潭寺建公馆记》等。然而,偏偏有人心生嫉妒。

一天,思州(今贵州岑巩)太守派了一位公差来到龙场驿。当时,王阳明正和学生、苗民在驿站交谈,听仆人来报,就让仆人引他进来。公差仗着受命于太守,大摇大摆地走了进来,根本不把一屋子的人放在眼里,而且说话的口气相当傲慢无礼。

还没等王阳明开口说话,学生和苗民就按捺不住了。苗民本来就民风彪悍,加之对以前的汉官并无好感,哪里容得下公差大人的嚣张气焰,于是一拥而上,把公差一顿痛打,赶了出去。公差回去报告太守,说王阳明率领苗民闹事,打的是自己,侮辱的可是太守啊。太守听了,大怒不已,立即行文上报副宪(都察院左副都御史的别称)毛科,要求严惩王阳明侮辱公差的罪行。

毛科,字拙庵,号应奎,浙江宁波府余姚人,成化十四年

(1478年)进士,官至都察院左副都御史,卒祀乡贤祠。毛科和王阳明是同乡,两人神交已久,前文提到的《远俗亭记》,就是王阳明应毛科所作。

毛科想充当和事佬,一边安抚太守,一边派人捎书信到龙场驿,首先说明祸福、利害关系,然后委婉要求王阳明给太守赔礼道歉,争取大事化小,以免事态扩大。只是王阳明自觉并不理亏,于是修书一封,回复毛科:

"昨承遣人喻以祸福利害,且令勉赴太府请谢,此非道谊深情,决不至此,感激之至,言无所容!但差人至龙场陵侮,此自差人挟势擅威,非太府使之也。

"龙场诸夷与之争斗,此自诸夷愤愠不平,亦非某使之也。然则太府固未尝辱某,某亦未尝傲太府,何所得罪而遽请谢乎?跪拜之礼,亦小官常分,不足以为辱,然亦不当无故而行之。不当行而行,与当行而不行,其为取辱一也。废逐小臣,所守以待死者,忠信礼义而已,又弃此而不守,祸莫大焉!凡祸福利害之说,某亦尝讲之。君子以忠信为利,礼义为福。苟忠信礼义之不存,虽禄之万钟,爵以侯王之贵,君子犹谓之祸与害;如其忠信礼义之所在,虽剖心碎首,君子利而行之,自以为福也,况于流离窜逐之微乎?

"某之居此,盖瘴疠蛊毒之与处,魑魅魍魉之与游,日有三死焉,然而居之泰然,未尝以动其中者,诚知生死之有命,不以一朝之患而忘其终身之忧也。太府苟欲加害,而在我诚有以取之,则不可谓无憾;使吾无有以取之而横罹焉,则亦瘴疠而已尔，蛊毒而已尔，魑魅魍魉而已尔，吾岂以是而动吾心哉！

"执事之喻，虽有所不敢承，然因是而益知所以自励，不敢苟有所隳堕，则某也受教多矣，敢不顿首以谢！"

这是一篇经典的书信式散文，在感谢毛科的关照之余，通过巧妙的推理阐述自己不须谢罪的理由和所坚持的道义原则。翻译成现代文的话，大意就是：昨天承蒙您派人前来阐明福祸利害的关系是想让我明白其中的许多道理，并且希望我尽量前往太守府谢罪并达成和解。如果不是我们之间情深意厚，您也绝对不会这样来劝告我。对您的至深感激，我不知道该怎样来表达。只是公差到龙场欺凌侮辱百姓，自然是公差挟太守的权势而狐假虎威，并不是太守指使他们这么做的。

龙场发生的这场争执，也不是我有意指使做的，而是苗民们不能抑制内心愤恨的自发行为。从这个方面来看，太守就没有侮辱过我，我也没有对太守有任何的不恭和轻视，因此不存在得罪太守而要负荆请罪寻求他的原谅。跪拜是下级官员觐见上级官员的礼节，但毫无理由的跪拜却是一种侮辱，并不符合忠信礼义的伦理道德。也正是自己对忠信礼义的坚守，才会在被贬谪到龙场驿后，仍然能够经受各种打击。在龙场驿这块环境恶劣的地方，随时都可能死去，但信念使我不会因为眼前的艰难困苦而改变。

阁下所教训的话语，虽然有我不能认同和不敢奉承的地方，但因此让我更加知道自己应该如何自我勉励，而不敢有丝毫的堕落，那么我也就因此受到了很多的教诲，怎么敢不向您千恩万谢呢？

毛科看完王阳明的书信，非常佩服，立即让人捎给思州太守。太守读完，也是十分惭愧，于是就不再追究了。

宣慰使（宣慰司长官，明多设于西南少数民族聚居区，为土司世袭之官）安贵荣，也因为佩服王阳明的为人，特意安排人到龙场驿，交给王阳明差使，还经常赠送粮食、肉蔬等。王阳明只接受了大米、家禽和柴炭，金钱、布匹等一概退还。还给安贵荣回了一封信，表明自己戴罪之身，蕞尔小吏，不方便接受馈赠。

不久，朝廷为加强对西南地区的统治，开始实行"改土归流"，在水西地区接连设立驿站。安贵荣对此极其反感，为巩固自己的势力，便擅自裁减水西地区的驿站。同时派使者来到龙场驿看望王阳明，其实就是想听取王阳明对此事的看法。王阳明知道安贵荣的做法是贵州动乱的前兆，虽然自己是贬谪之官，但责任所在必须加以制止。

王阳明态度鲜明地对使者说："朝廷所做的决定，基本上是不可能改变的，宣慰使的做法差不多就是对抗朝廷的叛乱了。即使朝廷不追究，相关部门也是要追究的；就算现在没有追究，过几年十几年还是会追究的。宣慰使可以减少驿站，朝廷也可以撤销宣慰司的设置。请转告宣慰使，孰轻孰重还得好好掂量。"

使者说："宣慰使为朝廷征战多年，只给了贵州布政司左参政这么一个小官，实在是委屈啊。"王阳明说："剿除贼寇、安抚百姓，这是宣慰使的职责所在，不能拿自己职责范围内所做的事情向朝廷邀功。而且宣慰使是土司之官,是能够世代承袭的。参政只是朝廷的地方官,随时可以调动和罢免。假如朝廷把宣慰使调到其他地方担任更高品级的职务,宣慰使是去还是不去呢?不去是抗命,身家性命都可能不保;去就要放弃这片土地和百姓。因此不要去想什么升职,左参政这个虚衔也要尽快辞去才是正理。"使者听罢大惊,起身施礼说:"多谢先生及时提醒,还请先生修书一封,待我回去一定好好劝他,不能因此酿成大祸。"

王阳明致信安贵荣说:"减驿事非罪人所敢与闻,承使君厚爱,因使者至,闲问及之,……然已承见询,则又不可默。凡朝廷制度,定自祖宗,后世守之,不可以擅改。……夫驿,可减也,亦可增也;驿可改也,宣慰司亦可革也。……所云奏功升职事,意亦如此。夫铲除寇盗以抚绥平良,亦守土之常职,今缕举以要赏,则朝廷平日之恩宠禄位,顾将欲以何为?使君为参政,亦已非设官之旧,……夫宣慰,守土之官,故得以世有其土地人民;若参政,则流官矣,东西南北,惟天子所使。朝廷下方尺之檄,委使君以一职,或闽或蜀,其敢弗行乎?则方命之诛不旋踵而至,捧檄从事,千百年之土地人民非复使君有矣。由此言之,虽今日之参政,使君将恐辞去之不速,其又可再乎!……"安贵荣读罢,深感考虑事情并不周到,于是主动撤出奏纸。也因此,安贵荣更加敬重王阳明了。

当时贵州的夷人土司分水西、水东两个宣慰司,安贵荣辖水西,水东宣慰司是宋氏所辖。水东所辖的土酋阿贾、阿札、阿麻聚合两万余人反叛宋氏，朝廷命令安贵荣平乱。安贵荣迟延不决，后来虽然出兵解了水东的围，但并没有乘胜追击，而是撤兵回到水西，叛军因此得以喘息，重新集结。安贵荣甚至说："我安氏地连千里，拥众四十八万，深坑绝坞，飞鸟不能越，猿猱不能攀。纵遂高坐，不为宋氏出一卒，人亦卒如我何。"

王阳明得知，非常清楚安贵荣的真实想法，再次致书安贵荣，说："阿贾、阿札等畔宋氏，为地方患，……今又三月余矣。使君称疾归卧，……而使君之民罔所知识，方扬言于人，……安氏之祸必自斯言始矣。使君与宋氏同守土，而使君为之长。地方变乱，皆守土者之罪，使君能独委之宋氏乎？夫连地千里，孰与中土之一大郡？拥众四十八万，孰与中土之一都司？深坑绝坞，安氏有之，然如安氏者，环四面而居以百数也。……斯言苟闻于朝，朝廷下片纸于杨爱诸人，使各自为战，共分安氏之所有，盖朝令而夕无安氏矣！深坑绝坞，何所用其险？使君可无寒心乎！……然则扬此言于外，以速安氏之祸者，殆渔人之计，萧墙之忧，未可测也。使君宜速出军，平定反侧，破众谗之口，息多端之议，弭方兴之变，绝难测之祸，补既往之愆，要将来之福。"安贵荣读了王阳明的书信，深思熟虑之后，随即再次出兵平息叛乱。

象，是舜的同父异母兄弟，在父亲瞽瞍的支持下，曾经多次企图杀害舜。舜不计前嫌，即位后仍封他为有鼻国国君。因为是一个反面人物，唐人拆毁过有鼻（今湖南道县境）象祠，然而灵博山（今贵州黔西境）的苗人还在祭祀他。所以应苗民的请求，安贵荣重修象祠，并请王阳明作文来记录这件事。

在《象祠记》中，王阳明先叙述，然后发表议论，又通过一段对话提出疑问，然后做出解答，文章带有主观唯心主义色彩，而且夸张了主观精神的作用。在文章的结尾，王阳明这样写道："吾于是益有以信人性之善，天下无不可化之人也。然则唐人之毁之也，据象之始也；今之诸夷之奉之也，承象之终也。斯义也，吾将以表于世，使知人之不善，虽若象焉，犹可以改。而君子之修德，及其至也，虽若象之不仁，而犹可以化之也。"意思就是说：我完全相信人本性的善良，天下没有不能被善感化的人。唐朝人拆毁象的祠庙，是根据象最初的行为表现做的决定。如今苗民尊奉、祭祀象，是根据象最终的行为表现。这说明即使和象一样，也是能够改正的。君子修养自身的德行，到了至圣的层次，即使身边有人和象一样不仁义，也是能够感化他的。

贵州传道

正德四年（1509年）元宵，下雪。王阳明挥笔写成四首元夕诗。在《元夕二首》其一中写道："故园今夕是元宵，独向蛮村坐寂寥。赖有遗经堪作伴，喜无车马过相邀。春还草阁梅先动，月满虚庭雪未消。堂上花灯诸弟集，重闱应念一身遥。"思念家乡、思念亲人，然而相隔千山万水，也就只能幻想一下"何日扁舟还旧隐，一蓑江上把鱼叉"的生活了。

元宵过了没多久，贵州提学副使席书专程来到龙场驿，找王阳明探讨朱熹和陆象山学说的异同。席书，字文同，号元山，四川潼川州遂宁人，弘治三年（1490年）进士及第。席书听说过王阳明在龙场讲学的事情，也知道王阳明质疑朱熹而推崇陆象山，所以才带着这个话题来见王阳明。然而，王阳明并不和席书解说朱熹、陆象山学说的异同，只是告诉对方自己参悟"格物致知"的体会——"圣人之道，吾性自足，不必外求。"席书听后，一时并没有明白，只好带着疑问离去。

次日，席书又来到龙场驿，还是前一天的话题。王阳明列举出知行本体，并将自己求证于五经的一些观点也讲述出来，席书慢慢有了些感悟。贵阳到龙场驿不到四十公里，骑马也就一两个时辰，所以席书又接连来了三四次，随着王阳明不断深入地解说，席书终于有所体悟，感叹地说："圣人的学说，得以在今天重见，听了阳明先生的说法，那么朱熹、陆象山的异同，就不需要再去辩论了。只要在我们自己的本性中去寻求，就再明白不过了。"

回到贵阳，席书感慨于贵州远离京城，文化落后，学术不兴，是缺乏教化的原因。于是找到毛科商量，重修贵阳书院，并请王阳明来主持讲学。毛科本来就和王阳明是同乡，一直对王阳明颇为关照，之前也曾有过筹建书院请王阳明讲学的想法，只是因为思州太守的事情，王阳明当时草就《答毛拙庵见招书院》："野夫病卧成疏懒，书卷长抛旧学荒。岂有威仪堪法象？实惭文檄过称扬。移居正拟投医肆，虚席仍烦避讲堂。范我定应无所获，空令多士笑王良。"委婉地拒绝了毛科的好意。所以，此次毛科对席书的提议是大力支持的。很快，贵阳书院得到修葺，并改名为"文明书院"，设文会堂，以及颜乐、曾唯、思忧、孟辨四斋，又建孔庙，设师文、学孔二斋及乐育轩。

现在，席书亲率贵阳诸生，恭恭敬敬地执弟子礼，拜在王阳明门下，王阳明就不好再推辞了。文明书院本来是民办性质，因为席书的介入，就有了官方背景，这也是王阳明掌教的第一个正规书院。为了方便讲学，王阳明刻印宋代谢枋得《文章轨范》一书，并且作序颁行，作为教材。同时，王阳明也开始了以"知行合一"为主旨的儒家文化传播。

文明书院的消息传到京城,人们十分惊奇。王阳明讲学?讲"心即理""知行合一"?朱熹不是说"先知后行"吗?王阳明这小子居然敢与朱熹分庭抗礼?议论归议论,但天高皇帝远,也就没有人来干涉边远地区这看似虚无缥缈的学说了。

不要说京城各路儒家学者不能理解,就连王阳明的首席弟子徐爱也迷惑了很久。《传习录》里记载了师徒二人的对话:"(徐)爱因未会先生'知行合一'之训,与宗贤、惟贤往复辩论未能决,以问于先生。先生曰:'试举看。'"于是徐爱问:"如今的人已经懂得父亲就应当孝顺,兄长就应当敬爱,然而却不能够做到孝顺和敬爱,'知'和'行'很明显就是两回事啊?"王阳明回答说:"这是被个人的私心和欲望所阻隔和断绝了,并不是人性本体的缘故。先代圣贤教导他人'知行',就是要人们恢复到本体。所以《大学》说'如好好色,如恶恶臭',看见美好的容颜就属于'知',喜欢美好的容颜就属于'行',只是看到容颜的时候已经是喜欢了,而不是看到之后才开始在心中建立这感觉才认为是美好的。闻到恶臭就属于'知',厌恶恶臭就属于'行',只是闻到的时候就已经是厌恶了,而不是闻到之后才开始在心中建立这感觉才去厌恶的。又比如说某个人懂得孝顺,某个人懂得敬爱,必定是这个人已经有过孝顺、敬爱的行为,才能够说他是懂得孝顺、懂得敬爱,这就是'知行'的本体。"徐爱说:"古人把'知''行'分为两个部分,难道是要人们花费精力才能有所分辨吗?"王阳明回答说:"这就是违背古人宗旨的地方。我曾经说过'知就是行的宗旨所在,而行实际上就是知的具体施行。知是行的根源,行实际上是知的行为表现',已经就可以理解体会了。古人为了建立言论,所以分为'知''行'两个部分,就是因为这世界上有一种人,懵懵懂懂随心所欲地去做,完全不知道要通过思考去观察,因此就像在黑暗中行走而狂妄地施行,所以必定就会说先'知'而后才有'行'是不会错的。还有一种人,在迷茫之中毫无根据地凭空思考,完全不肯在实际中亲自体验,因此就处处揣摩事情的影响,所以必定就会说'行'而后才有'知'是正确的,这就是古人无可奈何的教化。如果看到了,一句话就能够解决。现在的人反而认为必定要先'知',然后才能够'行',而且讲授、学习、讨论都是围绕如何寻求'知',等得到'知'而且认为是正确的时候,才肯去'行',所以导致穷尽一生也不能够'行',也因此导致穷尽一生也不能够有所'知'。我现在说的'知行合一',是要让儒家学者们自己去寻求本体,就不会出现'知'和'行'支离破碎的问题了。"

那么,什么才是知行合一呢?知行合一,就是认识和实行是密不可分的。知是内心的觉知和对事物的认识,行是人的实际行为。王阳明认为,人的所有行为都是内在意识在外部的呈现,内心的倾向决定了人对外在行为的选择,而这就是知行合一。

知行合一的内涵,王阳明认为在两个方面,知的存在就包含了行,而行的过程也包含了知。所以知和行原本就是一个整体,不能强行一分为二让各自独立存在,这是王阳明极力反对的。

而王阳明提出的良知，在行的表现是自发的，并不需要内心刻意控制或驱使。而这种自然自发的行，也就成了知，继而又决定了行。

四月，毛科告老还乡，包括王阳明在内的很多同僚为毛科饯行，王阳明特意撰写《送毛宪副致仕归桐江书院序》。而接替毛科的正是席书，毛科临走前特意叮嘱席书说："王阳明学识渊博，谋略兼具，将来必定能成大器，为国家所用，不应该让他长久蛰伏在龙场驿。"

秋天来了，寒意萧然，然而让王阳明更为悲哀的，是他亲眼看见的一件事。某月的初三日，有一个从京城来的小吏（没有人知道他的姓名），带着儿子和仆人，一行三人前去赴任。经过龙场驿的时候，在当地的苗人家里投宿。王阳明从篱笆的缝隙中看到了这位小吏，想去询问北方近来的一些情况，但当时阴雨绵绵，天色昏暗，并没有去成。第二天早晨，王阳明派人去看他，可他们已经离开了。

快到中午的时候，有人经蜈蚣坡回来，报告说："有个老人死在蜈蚣坡下，有两个人在那里哭得很悲痛。"王阳明说："一定是那个去赴任的小吏死了，真是令人悲伤呀！"到了傍晚，又有人从蜈蚣坡回来说："山坡下死了两个人，有一个人坐在那里哭泣。"王阳明询问状况后，推测小吏的儿子也死了。到了次日，又有人说看见蜈蚣坡下有三具尸体。这时候，小吏的仆人也死了。

王阳明想到他们暴尸荒野，没有人收殓，就带着两个童子，拿着工具准备去埋了他们。两个童子极不情愿而且面带难色，王阳明感叹地说："唉！我和你们就像他们一样啊！"童子听后，也流下了悲伤的眼泪，心甘情愿跟着王阳明一同而去。王阳明带着两个童子在山脚下挖了三个坑，掩埋了他们。又摆上鸡和饭祭奠，一边叹息一边流泪，在他们的坟墓前说："真是让人悲伤啊！我并不知道你是什么人，不知道你是哪里人，也不知道你为什么要来这里，结果成了一缕鬼魂。我是龙场驿丞、余姚人王守仁，和你一样，生长在中原。古人一般不会轻易离开家乡，出外做官也不会超过千里，我因为被贬而放逐到这里，这是没有办法的事情。你又有什么罪过呢？听说你不过是个小吏，俸禄不足五斗，你带着妻子儿女耕田种地所得到的，就能够比这要多啊！为什么要为这五斗米的俸禄，让自己成为异乡的孤魂野鬼呢？而且还要加上你的儿子和仆人。"

王阳明的脑海中又浮现出前两天的所见，那时的小吏满面愁容，好像不胜忧伤的样子，一定是翻山越岭之后饥渴劳累所致，于是又感叹地说："我没有想到你会这样快死去，更没想到你的儿子、仆人也相继死去！这祸殃都是你自己招来的啊，我都不知道还能说些什么。担心你们尸骨暴露在荒野无人收殓，所以我来把你们埋了，这也引发了我无穷的悲伤。

"唉，即使我不掩埋你，在这荒僻山崖上，狐狸成群，晦暗深谷中，毒蛇横行，它们也会把你们吞入腹中，不会让你们暴尸山野的。你虽然已经无法感知了，可是我又于心何忍？自从离开父母和家乡，我到这里已经三年了，能够苟且保全性命，是因为我不曾有过忧伤啊。今天的悲伤，都是因为你，并不是因为我自己。我不应替你悲伤了，就给你写了一首歌，唱给你听吧！"

最后，王阳明为死去的小吏三人，连续写了两首歌。其一："连峰际天兮，飞鸟不通；游子怀乡兮，莫知西东。莫知西东兮，维天则同。异域殊方兮，环海之中；达观随寓兮，奚必予宫。魂兮魂兮，无悲以恫！"其二："与尔皆乡土之离兮，蛮之人言语不相知兮。性命不可期，吾苟死于兹兮，率尔子仆来从予兮。吾与尔遨以嬉兮，骖紫彪而乘文螭兮，登望故乡而嘘唏兮。吾苟获生归兮，尔子尔仆尚尔随兮，无以无侣悲兮！道旁之冢累累兮，多中土之流离兮，相与呼啸而徘徊兮。飡风饮露，无尔饥兮。朝友麋鹿，暮猿与栖兮。尔安尔居兮，无为厉于兹墟兮！"

从中，不难看出王阳明良知之下的悲悯情怀。这件事后来写成了《瘗旅文》。

志在经国

闰九月,在文明书院和龙场驿之间往来讲学的王阳明,收到了吏部的调动文书:谪戍期满,王阳明复官,擢升为吉安府庐陵(今江西吉安)知县。

告别前来送行的贵州学者和龙场的苗民,王阳明带着仆人和家童离开了那潮湿的山洞,向庐陵出发。从贵州到庐陵,要经过湖南,千里迢迢,交通不便,好在长江水系纵横密布,乌江、沅江、湘江汇集到洞庭,经长江直至赣江,所以王阳明一行主要是坐船。一路山水,停停歇歇,顺便观光赏景。同样少不了吟诗咏风。如《游瑞华二首》其一:"簿领终年未出郊,此行聊解俗人嘲。忧时有志怀先达,作县无能愧旧交。松古尚存经雪干,竹高还长拂云梢。溪山处处堪行乐,正是浮名未易抛。"其二:"万死投荒不拟回,生还且复荷栽培。逢时已负三年学,治剧兼非百里才。身可益民宁论屈,志存经国未全灰。正愁不是中流砥,千尺狂澜岂易摧!"浮名并未抛弃,志向也没有泯灭,正是这个时期王阳明的真实写照。

经过湖南辰州（今怀化）、常德时，弟子冀元亨、蒋信、刘观时等，纷纷前来拜见。蒋信，字卿实，号道林，人称正学先生，常德人。刘观时，字易仲，辰州府沅陵人，人称沙溪先生，是王阳明在龙场驿时收的弟子。王阳明和大家交谈孔子哲学，为弟子们所取得的成就而高兴。因为相见时在寺庙之中，于是王阳明适时教弟子们静坐功夫，引导他们如何自己参悟性体。

正德五年（1510年）三月，王阳明终于进入庐陵，接过印章正式上任。然而这是一个难以治理的小县城，上任伊始，王阳明就发现监狱人满为患，积压的案卷如小山一般高，而且状纸纷沓而来，原告们急着面见新知县，衙门前整天吵吵嚷嚷。民众贫困不堪，加之苛捐杂税，整个县城就像一个定时炸弹，随时都会爆炸。

存在的问题多如牛毛，王阳明无法一一应对，所以他确定的治理方针，主要在开导人心。上任后第一件事，就是把衙役一个个传唤过来，询问乡里人户、贫富、忠奸等情况。然后把所有的状纸分类整理，并不急于开庭审理，而是先研究法典旧制；接着遴选地方上的乡贤和耆老，召集到县衙，传阅状纸，一起分析案卷；最后根据案件的轻重缓急，确定审理顺序。

其实，王阳明从吏部到刑部再到兵部，都只是小吏和主事，并没有任何地方官的工作经验。贬谪到龙场驿，也就是知县下面一个职能部门的管理，并不参与地方管理。而且，从龙场驿丞提升到庐陵知县，得益于席书等人的推荐，也没有经过吏部考核，这样匆忙上任，在当时是比较荒唐的事情了。当然，这并不是要否定王阳明的从政能力，而是说他这时候并不适合做一县之长。

但王阳明在庐陵深受百姓欢迎，不外乎他做的两件事：一是为百姓减免赋税，二是清理积压的诉讼。这也正是王阳明"致良知"在"行"这方面的具体体现。

所以，王阳明第一时间积极处理葛布税。

赋税是国家的主要收入来源，大都由朝廷制定，像王阳明一个小小的知县，并不能左右赋税政策的执行。王阳明出任庐陵县令后，完全可以按照以前的模式，继续执行现行的赋税政策。葛布税的起源，是正德二年（1507年）时，朝廷听说江西产葛布，而且还是特色产品，于是下诏采办。

然而庐陵并不产葛布。上一任知县的做法，是拿着银钱去其他县购买，以此应付催缴。而购买葛布的银两，来源于向百姓强行征收的"葛布税"。百姓如果上访，上一任知县就把带头的百姓抓起来。于是，民众怨声四起，而且，不只是百姓受苦，连知县自己和下面的一众小吏、衙役也需要垫款赔钱。

王阳明认为，"葛布税"确实是一项不合理的赋税，这事不能怪老百姓。既然不合理，就应该取消，其他的官员不敢尝试，但王阳明敢于为百姓请命，哪怕辞官也在所不惜。于是，他撰写《庐陵县为乞蠲免以苏民困事》，送呈吉安府和江西布政使司，要求取消"葛布税"。在上书中，王阳明说："……合关本县当道垂怜小民之穷苦，俯念时势之难为，……其有迟违等罪，止坐本职一人,即行罢归田里,以为不职之戒。"虽然吉安府和江西布政司没有批复,但也不再催缴,也就是说,上司已经默认了。王阳明在庐陵的名声,一炮而响!

接下来,王阳明要做第二件事了。

庐陵县民风彪悍,尤其喜欢打官司,鸡毛蒜皮的小事,都要闹到县衙,请知县大老爷为他们断案。庐陵以"善讼、健讼"出名,打官司可以说是当地人的生活乐趣。上一任知县,案头常年有上千件诉状,不难想象,一个知县不做其他事情,仅仅处理这些案子,也会累得半死。

于是王阳明开始采取措施。首先,王阳明发布《告谕庐陵父老子弟》:

"庐陵文献之地,而以健讼称,甚为吾民羞之。县令不明,不能听断,且气弱多疾。今与吾民约:自今非有迫于躯命,大不得已事,不得辄兴词。兴词但诉一事,不得牵连,不得过两行,每行不得过三十字。过是者不听,故违者有罚。县中父老谨厚知礼法者,其以吾言归告子弟,务在息争兴让。呜呼!一朝之忿,忘其身以及其亲,破败其家,遗祸于其子孙。孰与和巽自处,以良善称于乡族,为人之所敬爱者乎?吾民其思之。……"

对诉讼的方式进行了严格规定,要求状纸内容不能超过两行,每行不超过三十个字;每次告状只能讲一件事情;自己能解决的事情,不能到县衙告状。

还在告谕中说道:今年灾祸、瘟疫流行,愚昧之人,被以前流传的说法所蛊惑,以至于骨肉亲情都不会顾惜治疗的。汤药、肉粥都没的吃了,很多人已经饿死,于是把责任归咎于疫情。而乡亲邻居之间的道义,是要进出当作朋友,互相守望相助,有了疾病要相互扶持的。于今出现置骨肉亲情都不顾了,全县的父老乡亲中难道就没一两个人出来坚定地践行孝道和正义,为我们的子弟当表率吗?而大家相互诉讼,想把对方弄进监狱,让无辜的人,在狱中死去。我作为地方官,哪里能够忍心看着这样的事情发生。说起来都痛心不已啊,每天晚上我都睡不着,想尽办法要解决这些问题,但也只能依靠各位父老来劝诫自己的子弟,让孝顺和敬爱振兴起来。

然后又鼓励大家尽快从事春耕,不要错过时节。同时推行"十家牌法",规定每十家为一牌,牌上注明各家的丁口、籍贯、职业,轮流巡查。一家隐匿盗贼,其余九家连坐。如有人口变动,需向官府申报,不然被认定为"黑户"。王阳明首创的"十家牌法"也促使了保甲制度逐渐走向成熟和完善。开辟火巷,是南宋鄂州知府赵善俊首创的措施。

最后,王阳明恢复朱元璋制定的"两亭"制度,也就是申明亭和旌善亭,对好人好事、为国家和地方做出贡献的人进行表彰,对犯错的人进行批评,并将他们的名字都刻在"两亭"中。

也就半年时间,在王阳明的治理之下,庐陵风气大为改善。而这时候的王阳明身体并不好,肺病经常发作,全靠药物维持支撑。所以湛若水后来评价说:"阳明在庐陵,卧治六月,百务俱理。"

四月，宁夏安化王朱寘鐇叛乱，刘瑾矫诏提拔心腹陈震，想促成其统兵讨伐。但是，李东阳推举的右都御史杨一清，得到武宗的认可。杨一清，字应宁，号邃庵、石淙、三南居士，云南安宁人，成化八年（1472年）进士。

五月，叛乱平定。班师前，杨一清利用张永和刘瑾的矛盾，劝说张永回京后扳倒刘瑾。权衡利弊后，张永接受了杨一清的建议，一起敲定了状告刘瑾的十七条罪状，条条死罪而且证据充足。武宗看罢非常震惊，立即将刘瑾囚禁。抄家发现，刘瑾家中金银财宝不可计数，刀枪剑戟应有尽有。愤怒的武宗，下令将刘瑾立即处死。

八月，刘瑾被凌迟，余党也一一查办。不久，李东阳告老还乡，杨一清再次入朝，先后拜户部尚书、吏部尚书。

朝廷一场你死我活的激战，硝烟就此散去。十月，王阳明接到诏命，赴京朝觐。

诸子论学

十一月，王阳明入京，寓居在大兴隆寺。十二月，王阳明升任南京刑部四川清吏司主事。当年廷杖的四十大板并没有白挨，王阳明的所作所为，朝中忠良的大臣们都记在心中，所以在外面转了一圈，王阳明又官复原职了。

大兴隆寺，即白水兴隆寺，俗称大佛寺，始建年代不详。有传说明英宗时期为皇家祈福所建，因为"土木之变"差点停工成为烂尾楼，祈福反而引来灾祸，因而改成了学子、商家和游士临时休息的地方。王阳明之所以选择这里，是好友湛若水就住在附近的缘故，于是，大兴隆寺忽然间热闹起来。朋友们纷纷前来探望，其中就有他最为知心的好友湛若水。

也是这期间，好友储瓘引荐慕名而来的黄绾。黄绾，字宗贤，号久庵居士、石龙，浙江台州府黄岩（今浙江台州市温岭）人，祖籍福建兴化府莆田，当时担任后军都督府都事一职。黄绾有志于圣学，经常静坐思考朱陆之学，然而独自摸索却找不到途径。

大兴隆寺内。王阳明和黄绾相对而坐，听着他叙说自己的志向和心中的苦闷，为他一心立志求学的态度而感动。圣学衰落，已经很少有人真正专心于此，看着坐在自己对面的黄绾，王阳明内心是非常惊喜的。黄绾感慨自己虽然有志于圣人之学，但还是用功不够，所以不得要领。王阳明却认为，人就怕没有志向，并不怕一时没有收获，只要志向在，就没有不能成功的，这就是现在流行的说法——兴趣是最好的老师。王阳明的一番话，让黄绾十分激动，立即表示，愿意跟随听学。

次日开始，王阳明、湛若水、黄绾三人几乎每天都相会在大兴隆寺。黄绾想到王阳明要赴南京任职，不久就会离开京城，担心相处的时间不会太多。湛若水安慰他，自己已经私下委托户部侍郎乔宇向吏部尚书杨一清提出请求，尽量将王阳明留在京城，如果得到批准，那就能够天天相见了。乔宇，字希大，号白岩山人，山西承宣布政使司太原府乐平（今山西晋中昔阳）人，与王云凤、王琼并称"晋中三杰"，亦称"河东三凤"，成化二十年（1484年）进士。

王阳明和乔宇本来就是好友，谪居龙场时，两人经常有书信往来和诗词酬唱。《夜泊石亭寺用韵呈陈娄诸公因寄储柴墟都宪及乔白岩太常诸友二首》其一："廿年不到石亭寺，惟有西山只旧青。白拂挂墙僧已去，红阑照水客重经。沙村远树凝春望，江雨孤篷入夜听。何处故人还笑语？东风啼鸟梦初醒。"题中提到的储柴墟，就是后面要提到的储罐。《忆昔答乔白岩因寄储柴墟三首》其三："柴墟吾所爱，春阳溢鬓眉。白岩吾所爱，慎默长如愚。二君廊庙器，予亦山泉姿。度量较齿德，长者皆吾师。置我五人末，庶亦忘崇卑。迢迢万里别，心事两不疑。北风送南雁，慰我长相思。"储巏"春阳溢鬓眉"，乔宇"慎默长如愚"，他们之间的友情，由此可见一斑。王阳明和乔宇曾经还有过"贵在专，贵在精，贵在正"的论学，因此两人也是相互佩服，引为知己。

正德六年（1511年）正月，杨一清接受了乔宇的建议。吏部公文下来，王阳明调吏部验封清吏司主事，此时，王阳明还在北京，并没有到南京赴任。这对于一群交流圣人学说的文人雅士来说，无疑是一个天大的喜讯。湛若水、黄绾、乔宇、储巏、崔子钟、汪抑之等，欢聚在一起，把酒畅谈欢欣无比。王阳明也干脆搬到长安灰厂旁居住，和湛若水成为邻居。

二月，王阳明担任会试同考官。

既然留在了京城，朋友们便差不多每天都能够聚在一起，相互探讨圣人之学。而讲学以王阳明和湛若水为主。讲到实践功夫的时候，王阳明在《答黄宗贤应原忠》（辛未）中说道："圣人之心，纤翳自无所容，自不消磨刮。若常人之心，如斑垢驳杂之镜，须痛加刮磨一番，尽去其驳蚀，然后纤尘即见，才拂便去，亦自不消费力。到此已是识得仁体矣。若驳蚀未去，其间固自有一点明处，尘埃之落，固亦见得，亦才拂便去；至于堆积于驳蚀之上，终弗之能见也。此学利困勉之所由异，幸弗以为烦难而疑之也。凡人情好易而恶难，其间亦自有私意气习缠蔽，在识破后，自然不见其难矣。"王阳明强调生命的过程，而在这个过程中,心才是源泉,但必须用行动来支撑。"明"的过程就是"磨镜子"和"擦镜子",只有不断地磨平镜子和擦干净镜子,方可达到"明"的效果。具体的方法,就是要时刻坚持心中的目标,不断学习、吸收和领悟。

其中最为热衷的是黄绾,他已经完全折服在王阳明的人格魅力和渊博学问之下。因此,他推断说:不久的将来,在我的家乡附近,天台山和雁荡山,应该给两位先生各建一个亭子,只要能够将两位先生的学说合而为一,那么天下大道也就归为一处了。

吏部同僚方献夫,初名献科,字叔贤,号西樵,广东广州府南海(今广东佛山)人,祖籍福建兴化府莆田,弘治十八年(1505年)进士。方献夫时任吏部郎中,虽然官职比王阳明大,但听闻王阳明讲学有如此的影响,也慕名前来,很快就被王阳明所讲的观点折服。方献夫感叹说:"圣人之学凋零至今,已经好几百年了,今天听阳明先生说法,顿时眼前一亮。"于是拜入王阳明门下,执弟子礼。

九月,湛若水受命出使安南,但尚未成行。十月,王阳明升任吏部文选清吏司员外郎。

这年冬天,方献夫因病需回家休养,王阳明设宴送别,席上吟《别方叔贤四首》相赠。其一:"西樵山色远依依,东指江门石路微。料得楚云台上客,久悬秋月待君归。"其二:"自是孤云天际浮,箧中枯蠹岂相谋。请君静后看羲画,曾有陈篇一字不?"其三:"休论寂寂与惺惺,不妄由来即性情。笑却殷勤诸老子，翻从知见觅虚灵。"其四："道本无为只在人，自行自住岂须邻？坐中便是天台路，不用渔郎更问津。"分别之后两人仍频繁地通信，交流圣学，王阳明还在信中称赞方献夫"洒然如热者之濯清风，何子之见超卓而速也"，虽然有夸张的成分，但也是对方献夫在圣学上的精进的肯定。

郑一初，字朝朔，号紫坡，揭阳人，弘治十八年（1505 年）进士。刘瑾专权，王守仁被贬为贵州龙场驿丞，朝中大臣大多缄口不敢言说。郑一初自知官小言微，没有能力对抗阉党，一怒之下托病辞官回到家乡，在紫陌山（俗称"乌木山"）建造一书轩，称之为"紫坡台"，专心讲学并传播圣人之学。他在紫坡台撰写一联，"万卷讲皇王帝霸，格天事业属儒生；四时咏雪月风花，乐地情怀归隐士"，因此受到世人推崇。王阳明知道他的事情，复官后就向朝廷推荐起用郑一初。之后担任御史之职的郑一初，也拜入王阳明门下。只是郑一初长期抱病，三年后去世，享年三十八岁。

王阳明在这时期收的另一个弟子王纯甫，也是进士及第，深得王阳明的喜欢。王纯甫想带着祖母离开匪患猖獗的山东，于是向朝廷请求到江南任职，因此造成自己和父亲关系不谐，两人经常会为些鸡毛蒜皮的小事发生争吵。调到南京上任后，王纯甫又因为性格问题，和同僚们相处得很一般。王阳明得知情况后，连忙修书一封，就是后来广为流传的《与王纯甫》（壬申）：

"别后，有人自武城来，云纯甫始到家，尊翁颇不喜，归计尚多抵牾。始闻而怆然，已而复大喜。久之，又有人自南都来者，云'纯甫已莅任，上下多不相能'。始闻而惋然，已而复大喜。吾之惋然者，世俗之私情；所为大喜者，纯甫当自知之。吾安能小不忍于纯甫，不使动心忍性，以大其所就乎？譬之金之在冶，经烈焰，受钳锤，当此之时，为金者甚苦。然自他人视之，方喜金之益精炼，而惟恐火力锤煅之不至。既其出冶，金亦自喜其挫折煅炼之有成矣。

"某平日亦每有傲视行辈、轻忽世故之心，后虽稍知惩创，亦惟支持抵塞于外而已。及谪贵州三年，百难备尝，然后能有所见，始信孟氏'生于忧患'之言非欺我也。尝以为'君子素其位而行，不愿乎其外。素富贵，行乎富贵；素贫贱，行乎贫贱；素患难，行乎患难，故无入而不自得'。后之君子，亦当素其位而学，不愿乎其外。素富贵，学处乎富贵；素贫贱患难，学处乎贫贱患难，则亦可以无入而不自得。向尝为纯甫言之，纯甫深以为然，不审迩来用力却如何耳？

"近日相与讲学者，宗贤之外，亦复数人，每相聚辄叹纯甫之高明。今复遭时磨励若此，其进益不可量，纯甫勉之！

"汪景颜近亦出宰大名，临行请益，某告以变化气质。居常无所见，惟当利害，经变故，遭屈辱，平时愤怒者到此能不愤怒，忧惶失措者到此能不忧惶失措，始是能有得力处，亦便是用力处。天下事虽万变，吾所以应之，不出乎喜怒哀乐四者。此为学之要，而为政亦在其中矣。景颜闻之，跃然如有所得也。甘泉近有书来，已卜居萧山之湘湖，去阳明洞方数十里耳。书屋亦将落成，闻之喜极。诚得良友相聚会，共进此道，人间更复有何乐！区区在外之荣辱得丧，又足挂之齿牙间哉？"

在信中，王阳明并没有给王纯甫支招，讲述该如何和同僚理顺关系，而只是给自己弟子阐明"金之在冶"的道理。金属在锻炼的过程中，必定要承受外人所不能理解的痛苦，但经过锻炼之后，反而担心当时的火力不够。人的历练也是这样的道理，如同孟子所说的"生于忧患"，只有在忧患之中成长，才能使人不断地进步，不断地突破自我、完善自我。

通过和弟子们的交流，王阳明也深深地感悟到"差之毫厘，谬以千里"。所以，他在后来的论学中，经常引用这句话。而无论哪种学说，他都不会轻易偏信，也不会没有任何怀疑。正因为如此，王阳明在儒学上，才能够自成一家。

南宋有两位大儒，朱熹和陆九渊。朱子主张"道问学"，陆子主张"尊德性"；朱子主张"敬"，陆子主张"静"。两家弟子，不能够深思慎取，反而互相攻击，争闹不休。

王阳明的两个学生，王舆庵认同陆子的观点，徐成之却支持朱子的学说，辩论陆九渊和朱熹之间的异同，两人都有各自的道理。最后，争到王阳明面前，需要先生给出一个让弟子们信服的答案和理由。这个敏感的话题，王阳明无法回避不予作答。

有过"格竹"的经历后，王阳明对朱熹的学说不再迷信。而龙场悟道后，王阳明已经在逐步形成自己的心学理论，即从"心即理"到"知行合一"再到"致良知"。然而，当时的状况，要否定理学权威朱熹，存在着巨大的风险，有可能被权贵们群起而攻之，毕竟，朱子理学是当下意识形态的主流思想。

读完徐成之的来信，王阳明回信答复，即《答徐成之》（壬午）：

"承以朱、陆同异见询。学术不明于世久矣，此正吾侪今日之所宜明辨者。细观来教，则舆庵之主象山既失，而吾兄之主晦庵亦未为得也，是朱非陆，天下之论定久矣，久则难变也。虽微吾兄之争，舆庵亦岂能遽行其说乎？故仆以为二兄今日之论，正不必求胜。务求象山之所以非，晦庵之所以是，穷本极源，真有以见其几微得失于毫忽之间。……今二兄之论，乃若出于求胜者，求胜则是动于气也，动于气，则于义理之正何啻千里，而又何是非之论乎！凡论古人得失，决不可以意度而悬断之。……昔者子思之论学，盖不下千百言，而括之以'尊德性而道问学'之一语。即如二兄之辩，一以'尊德性'为主，一以'道问学'为事，则是二者固皆未免于一偏，而是非之论尚未有所定也，乌得各持一是而遽以相非为乎？……以某所见，非独吾兄之非象山、舆庵之非晦庵皆失之非，而吾兄之是晦庵，舆庵之是象山，亦皆未得其所以是也。稍暇当面悉，姑务养心息辩，毋遽。"

在信中，王阳明首先肯定天下人支持朱熹反对陆九渊已经存在很长一段时间了，就目前情况来看，这局面很难改变。然后指出徐成之和王舆庵的争论，没有必要分胜负。继而指出，陆九渊错在哪，朱熹对在哪，他们的对错不过毫厘而已。而两人的争论，反而是想要分高下的意气之争，如此的话就背离了天理公道，就是"差之毫厘，谬以千里"的事情，更别说谁对谁错了！

两个人的说法，都存在臆断和凭空猜测，虽然双方都有各自的坚持，但都偏向了某一面，为了争胜负而各说各的，既不是尊德性，也不是道问学。

简而言之，王阳明的意思是：做学问，先提高自身的修养，不妄论古人的对错，朱熹、陆九渊各有可取之处，取可取之处就行了。

徐成之读完王阳明的来信，认为老师含糊其词，而且暗中帮王舆庵说话，于是又去信诘问。王阳明再次回信：

"……仆尝以为君子论事当先去其有我之私，一动于有我，则此心已陷于邪僻，虽所论尽合于理，既已亡其本矣。尝以是言于朋友之间，今吾兄乃云尔，敢不自反其殆陷于邪僻而弗觉也？求之反复，而昨者所论实未尝有是。则斯言也无乃吾兄之过欤？……

"舆庵是象山，而谓其'专以尊德性为主'，今观《象山文集》所载，未尝不教其徒读书穷理。而自谓'理会文字颇与人异'者，则其意实欲体之于身。其亟所称述以诲人者，曰'居处恭，执事敬，与人忠'，曰'克己复礼'，曰'万物皆备于我，反身而诚，乐莫大焉'，曰'学问之道无他，求其放心而已'，曰'先立乎其大者，而小者不能夺'。是数言者，孔子、孟轲之言也，乌在其为空虚者乎？独其'易简觉悟'之说颇为当时所疑。然'易简'之说出于《系辞》，'觉悟'之说虽有同于释氏，然释氏之说亦自有同于吾儒，而不害其为异者，惟在于几微毫忽之间而已。亦何必讳于其同而遂不敢以言,狃于其异而遂不以察之乎?是舆庵之是象山,固犹未尽其所以是也。

"吾兄是晦庵,而谓其'专以道问学为事'。然晦庵之言,曰'居敬穷理',曰'非存心无以致知',曰'君子之心常存敬畏,虽不见闻,亦不敢忽,所以存天理之本然,而不使离于须臾之顷也'。是其为言虽未尽莹,亦何尝不以尊德性为事?而又乌在其为支离者乎?独其平日汲汲于训解,虽韩文、《楚辞》、《阴符》、《参同》之属,亦必与之注释考辩,而论者遂疑其玩物。……

"……夫君子之论学,要在得之于心。众皆以为是,苟求之心而未会焉,未敢以为是也;众皆以为非,苟求之心而有契焉,未敢以为非也。心也者,吾所得于天之理也,无间于天人,无分于古今。苟尽吾心以求焉,则不中不远矣。学也者,求以尽吾心也。……仆尝以为晦庵之与象山,虽其所为学者若有不同,而要皆不失为圣人之徒。今晦庵之学,天下之人童而习之,既已入人之深,有不容于论辩者。而独惟象山之学,则以其尝与晦庵之有言,而遂藩篱之。使若由、赐之殊科焉,则可矣,而遂摈放废斥,若碱砆之与美玉,则岂不过甚矣乎?……舆庵之说,仆犹恨其有未尽也。

"夫学术者,今古圣贤之学术,天下之所公共,非吾三人者所私有也。天下之学术,当为天下公言之,而岂独为舆庵地哉!……世之学者以晦庵大儒,不宜复有所谓过者,而必曲为隐饰增加,务诋象山于禅学,以求伸其说;且自以为有助于晦庵,而更相倡引,谓之扶持正论。不知晦庵乃君子之过,而吾反以小人之见而文之。晦庵有闻过则喜之美,而吾乃非徒顺之,又从而为之辞也。晦庵之心,以圣贤君子之学期后代,而世之儒者,事之以事小人之礼,是何诬象山之厚而待晦庵之薄耶!

"仆今者之论,非独为象山惜,实为晦庵惜也。……孟子云:'君子亦仁而已,何必同?'惟吾兄审择而正之!"

从第二封信中,不难看出王阳明治学态度的严谨。王阳明的结论,朱子、陆子虽然主张各不相同,但不能否认他们都是圣人。如今大家都读朱子的书,是因为朱子学说在当下已经深入人心,可是因为陆子的观点和朱子不同,就冷落陆子,让陆子的书因此而蒙上灰尘,这就不正常了。孟子都说君子是可以有不同的见解的,所以不能在朱子和陆子的学术上厚此薄彼。

在专制的年代,朱子理学作为统治阶级的正统学说,而王阳明公然发表如此言论,这胆子也是足够大了。

正德七年(1512年),湛若水正式出使安南(今越南)。从接受朝廷任命,到正式离京,前后准备了五个月。

王阳明以诗相赠,《别湛甘泉二首》其一:"行子朝欲发,驱车不得留。驱车下长阪,顾见城东楼。远别情已惨,况此艰难秋。分手诀河梁,涕下不可收。车行望渐杳,飞埃越层丘。迟回歧路侧,孰知我心忧。"其二:"我心忧以伤,君去阻且长。一别岂得已,母老思所将。奉命危难际,流俗反猜量。黄鹄万里逝,岂伊为稻粱?栋火及毛羽,燕雀犹栖堂。跳梁多不测,君行戒前途。达命谅何滞,将母能忘虞。安居尤阱护,关路非歧岖。令德崇易简,可以知险阻。结茆湖水阴,幽期终不忘。伊尔得相就,我心亦何伤。世艰变倏忽,人命非可常。斯文天未坠,别短会日长。南寺春月夜,风泉闲竹房。逢僧或停楫,先扫白云床。"两位老相识,在京城又相处了一年多,想起一起交流谈论,饮食与共,现在离别就在眼前,哪有不忧伤的道理。

对于儒家学术的交流,王阳明和湛若水都是认真的。所以,在《别湛甘泉序》(壬申)中,王阳明指出:"颜子没而圣人之学亡。曾子唯一贯之旨,传之孟轲终,又二千余年而周、程续。自是而后,言益详,道益晦;析理益精,学益支离无本,而事于外者益繁以难。盖孟氏患杨、墨;周、程之际,释、老大行。今世学者,皆知宗孔、孟,贱杨、墨,摈释、老,圣人之道,若大明于世。然吾从而求之,圣人不得而见之矣。其能有若墨氏之兼爱者乎?其能有若杨氏之为我者乎?其能有若老氏之清净自守、释氏之究心性命者乎?吾何以杨、墨、老、释之思哉?彼于圣人之道异,然犹有自得也。而世之学者,章绘句琢以夸俗,诡心色取,相饰以伪,谓圣人之道劳苦无功,非复人之所可为,而徒取辩于言词之间。古之人有终身不能究者,今吾皆能言其略,自以为若是亦足矣,而圣人之学遂废。则今之所大患者,岂非记诵词章之习!而弊之所从来,无亦言之太详、析之太精者之过欤!夫杨、墨、老、释,学仁义,求性命,不得其道而偏焉,固非若今之学者以仁义为不可学,性命之为无益也。居今之时而有学仁义,求性命,外记诵辞章而不为者,虽其陷于杨、墨、老、释之偏,吾犹且以为贤,彼其心犹求以自得也。夫求以自得,而后可与之言学圣人之道。某幼不问学，陷溺于邪僻者二十年，而始究心于老、释。赖天之灵，因有所觉，始乃沿周、程之说求之，而若有得焉。顾一二同志之外，莫予翼也，岌岌乎仆而后兴。晚得友于甘泉湛子，而后吾之志益坚，毅然若不可遏，则予之资于甘泉多矣。甘泉之学，务求自得者也。世未之能知其知者，且疑其为禅。诚禅也，吾犹未得而见，而况其所志卓尔若此。则如甘泉者，非圣人之徒欤！多言又乌足病也！夫多言不足以病甘泉，与甘泉之不为多言病也，吾信之。吾与甘泉友，意之所在，不言而会；论之所及，不约而同；期于斯道，毙而后已者。……"

一篇序言，写的既是两人的友情，也表达了学术上的观点。虽然他们在学术上会有不同的见解，但丝毫不影响他们友情长存。

虚职太仆

三月,王阳明升任吏部考功清吏司郎中,随着乔宇、湛若水、黄绾先后离开京城,这期间,王阳明基本上是过着清闲的日子,无所作为。

也正是这时候,有一位读书人,王阳明并不认识,却寄来一封信指责王阳明:"你既不能劝谏皇上不要胡作非为,又贪图官位不能让贤,朝政混乱,百姓流离,你都装着没看见,难道你做官就是为了混饭吃吗?上劝君王行正道,下救百姓于水火,这才是做官的本分。这都不明白,那您平生追求的是什么?"

读完信,王阳明十分惭愧。处在这进退两难的地步,该如何回复这位素昧平生的读书人呢?王阳明反省自己,这也许是自己欺世盗名的报应,正如《易经》中说的"负且乘,致寇至"。

而此时,京城附近以及山东地区,盗贼十分猖獗;河南的都督金事冯祯战死疆场,盗贼因此更加肆意横行。大明的十三个省,只有浙江和南直隶两个省没有盗贼出现。因为经常要到内地平叛,时间一长,戍边的部队日渐疲倦,慢慢生出抵触情绪,将领们也没有办法解决。军粮接济不及时，饷银长时间拖欠，而朝廷的开销却越来越多，武宗吃喝玩乐，大兴土木，官民上下已经习以为常见怪不怪了。

大太监张永掌权，用人唯亲，家人中有两个伯爵和两个都督，大小指挥十多个，军中的千户和百户安排了好几十个。他的狡猾程度，似乎超过了刘瑾。大太监谷大用和马永成等，和张永也差不多。乍一看去，和刘瑾当权的时候，没有两样。

因此，王阳明和弟弟都在争取带着妹妹、妹夫回南方。杨一清也在想办法离开这块是非之地，这是他们没有办法的选择。处在权势顶峰的张永，给人很快就会像刘瑾那样树倒猢狲散的感觉。面对这时局，王阳明也是无处诉说，只能掩盖自己内心的紧张。

好在这段时间，更多的儒家学子投入王阳明门下。穆孔晖、顾应祥、方献夫、王道、梁毂、万潮、陈鼎、唐鹏、路迎、孙瑚、魏廷霖、萧鸣凤、林达、陈洸、应良、朱节、蔡宗兖、徐爱等，几十人同时受业。而讲学的内容，由徐爱整理，就是后来流传的《传习录》。

然而，王阳明尊陆非朱，这是朱熹的徒子徒孙们所不能容忍的。要知道，朱熹理学，是明王朝赖以生存的根基，是皇权思想永远正确的指路碑，六部九卿的官员们，又怎么能够让王阳明一手翻天触动他们心中的权威。于是，朝廷终于开始有所动作，他们必须要清理这些异端邪说者。

十二月，王阳明升任南京太仆寺少卿，这可是正四品了。太仆寺，在明代是掌牧马的政令，属兵部，并在滁州设立南京太仆寺。少卿是个副职，也是一个闲职。王阳明内心是高兴的，正好可以远离京城的钩心斗角。于是赴任南京并顺道回家省亲，同行的是升任南京工部员外郎的首席弟子——妹夫徐爱。

船在大运河上航行，一路渐渐暖和。徐爱没能聆听到王阳明在贵州龙场驿讲授"知行合一"，此时正是补课的好机会。于是，徐爱一路请教"孝悌""知行合一""在亲民""知止而后有定""至善只求诸心""生知安行""学知利行"等问题。

深为王阳明学问所折服的徐爱说："先生的学问，才是真正的孔子嫡传，除此之外，那些人都是旁门枝节，离开了儒家的本源。"王阳明很谦逊，说："先代圣贤教诲他人，就好比医生给病人用药，都是要根据病情对症下药的，也就是说，要根据患者实际的虚实、温凉、阴阳等，增加或减少药材的用量。如果同样的病，但给不同的人都开一样的药方，那不就是庸医误人吗？"

一路交流，时间转眼就过去好几十天了，王阳明和徐爱到绍兴时，已经是正德八年（1513年）的二月。此前在京城时，王阳明和徐爱、黄绾相约，过了春节，一同游赏天台山、雁荡山。但是等到五月，黄绾因为生病，没有如期赴约。于是，王阳明只好和徐爱等人，就近去四明山观光。

从上虞进入四明，游览白水、龙溪、杖锡，然后经过奉化的雪窦山、千丈岩，眼前已经是天姥山、华顶寺，马上就可以进入天台地界了。只是江南干旱，田土裂开稻叶枯萎，此情此景让人高兴不起来。但一路观光，诗是少不了的。

如《四明观白水二首》其一："邑南富岩壑，白水尤奇观。兴来每思往，十年就兹观。停驺指绝壁，涉涧缘危蟠。百源旱方歇，云际犹飞湍。霏霏洒林薄，漠漠凝风寒。前闻若未惬，仰视终莫攀。石阴暑气薄，流触溯回澜。兹游讵盘乐？养静意所关。逝者谅如斯，哀此岁月残。择幽虽得所，避时时犹难。刘樊古方外，感慨有余叹！"又如《书杖锡寺》："杖锡青冥端，涧壁环天险。垂岩下陡壑，涉水攀绝巘。溪深听喧瀑，路绝骇危栈。扪萝登峻极，披翳见平衍。僧逋寄孤衲，守废遗荒殿。伤兹穷僻墟，曾未诛求免。探幽冀累息，愤时翻意惨。拯援才已疏，栖迟心益眷。哀猿啸春峤，悬灯宿西崦。诛茆竟何时？白云愧舒卷。"

从宁波回到余姚，收到黄绾的书信，王阳明立即回信，说："这一次和各位好友一同游赏，也只是稍微有收获，然而并没有什么大的发现。其中最不能让人满足的，就是贤弟你没有和我们一起出行啊。"和同道中人一起，凭借山水风光来印证儒家哲学，从而体悟到世间的义理，这是王阳明人生中的一大乐趣。

十月，王阳明至滁州上任太仆寺少卿，负责牧马事务。这里是当年欧阳修被贬的地方，《醉翁亭记》就是在这里写就的。

闲职的好处就是，没有人管束，也很少有人排挤，相对自由而舒适。所以王阳明每天都和门人游览琅琊山、酿泉。而且王阳明到滁州，不断有新的学子闻讯而来，不论长幼尊卑，都要向王阳明求教。龙潭雅聚的热闹场景，见证了王阳明讲学的盛况。

《琅琊山中三首》其一："草堂寄放琅琊间，溪鹿岩僧且共闲。冰雪能回草木死，春风不化山石顽。《六经》散地莫收拾，丛棘被道谁刊删？已矣驱驰二三子，凤图不出吾将还。"诗中不难看出王阳明探讨圣学、讲学传授的心情。《山中示诸生五首》其一："路绝春山久废寻，野人扶病强登临。同游仙侣须乘兴，共探花源莫厌深。鸣鸟游丝俱自得，闲云流水亦何心？从前却恨牵文句，展转支离叹陆沉。"正是王阳明此时心情的真实写照。这样一个轻松自在的环境，做自己喜欢做的事情，别说多惬意了。于是王阳明在《龙潭夜坐》中写道："何处花香入夜清？石林茅屋隔溪声。幽人月出每孤往，栖鸟山空时一鸣。草露不辞芒履湿，松风偏与葛衣轻。临流欲写猗兰意，江北江南无限情。"

确实，从龙场到北京，再到滁州，跟随自己的人越来越多，让王阳明更加坚信圣人之学的魅力所在。

学生孟源，原本是个自恋而又爱慕虚荣的人。有次王阳明正和朋友交谈着，孟源不等王阳明开口，就在旁边站起来插话对那人说："你这样子正和我以前的水平差不多。"王阳明对孟源说："你喜好虚名的老毛病又发作了。"孟源转向王阳明，想为自己辩解几句，王阳明立刻制止他，说："你喜好虚名的老毛病又发作了。"

孟源学静坐，没有丝毫进展，于是请教王阳明："我静坐的时候，心中思虑纷杂而出，怎么才能让自己的心静下来呢？"王阳明告诉他:"不要去有意地控制内心纷杂的思虑,要学会放松心情。如果思虑出现,就慢慢地去克制。《大学》里所说的'在达成目标前要明确自己在什么时候止步',就是这个道理。"多次实践之后,孟源慢慢也就明白了。

王阳明给弟子们讲"自得"之说,辰州刘易仲不明白,于是请教:"义理是可以表述出来的吗?"意思是说像"自得"这样的道理,如何才能用准确的语言来描述?王阳明笑着回答说:"哑子吃苦瓜,与你说不得。你要知我苦,还须你自吃。"就是说真正的义理,即使我跟你说了,你也只是听我说了而已,并不一定能真正体悟。就像哑巴吃苦瓜,味道他也说不出来,只有你自己亲自去尝一口,就知道是什么滋味了。而不同的人吃同一条苦瓜,对味道的感觉也是不一样的,这就是"自得"。刘易仲听后,恍然大悟。

刘易仲离开时,王阳明赠诗《别易仲》:"迢递滁山春,子行亦何远。累然良苦心,惝恍不遑饭。至道不外得,一悟失群暗。秋风洞庭波,游子归已晚。结兰意方勤,寸草心先断。末学久似离,颓波竟谁挽?归哉念流光,一逝不复返。"其中"至道不外得,一悟失群暗",说的是如果真正悟到了,那就是"自得"了。

周莹,字德纯,浙江永康人,之前师从应元忠,而应元忠也是王阳明学说的追随者。周莹不屑科举仕途,却有志于圣贤之学,所以跋山涉水来到滁州要拜王阳明为师。

王阳明得知周莹是应元忠的学生,就问:"难道应元忠没有教过你吗?"周莹说:"我老师曾经也求教过先生,他也教过我,理论方面我大概都知道，但是如何实践，如何做到知行合一，我心中还有不少困惑，所以我要拜先生为师，向您学习请教。"接着介绍自己这一路的不容易，从永康到滁州将近千里之路，马车坏了之后，只能徒步前行，而且正是盛夏时节，自己和仆人都生病了，只好让仆人原路返回，自己一个人上路，好不容易才到了滁州。

王阳明听后一笑，说："你这弟子我收了，但是你不用再学，休息几天就可以回家了。因为你已经学到了。"周莹并不理解，说："我刚刚到这里，还没来得及向先生请教，怎么就说学到了呢？"王阳明说，你千里迢迢历尽各种艰辛，即使自己生病了也没有放弃求学的志向，让仆人回去而自己能够坚持走到滁州，这就是知行合一啊，这就是心学最基本也是最关键的方法。

周莹此时恍然大悟，行了拜师礼之后，就回了永康，并因为王阳明的缘故，得以结交不少天下名士，后来也成为一代名儒，在雪峰讲学授徒。

就职南京

正德九年(1514年)春,王阳明的早年弟子朱节进士及第。历任湖广黄州府推官、山东巡按道监察御史。后来有大盗在山东淄博的颜神镇起兵,掠夺骚扰附近十几个州县。朱节参与征剿,因劳累过度而死,赠光禄寺少卿。

四月,王阳明升任南京鸿胪寺卿(类似于礼部的接待司长官)。他要离开滁州到南京去任职,弟子们相送到江浦,王阳明当场作《滁阳别诸友》告别诸弟子,序曰:"滁阳诸友从游,送予至乌衣,不能别。及暮,王性甫汝德诸友送至江浦,必留居,俟予渡江。因书此促之归,并寄诸贤,庶几共进此学,以慰离索耳。"诗曰:"滁之水,入江流,江潮日复来滁州。相思若潮水,来往何时休。空相思,亦何益。欲慰相思情,不如崇令德。掘地见泉水,随处无弗得。何必驱驰为?千里远相即。君不见尧羹与舜墙,又不见孔与跖,对面不相识?逆旅主人多殷勤,出门转盼成路人。"

这一次相别,王阳明还写了不少的赠别诗和临别短文。

五月，王阳明到达南京，就任鸿胪寺卿。鸿胪寺，是掌管朝会、外宾、祭祀、仪礼和吉凶的部门，属礼部主管。其首席弟子徐爱也在南京。此外，黄宗明、薛侃、马明衡、陆澄、季本、许相卿、王激、诸偁、林达、张寰、唐愈贤、饶文璧、刘观时、郑骝、周积、郭庆、栾惠、刘晓、何鳌、陈杰、杨杓、白说、彭一之、朱篪等一众门人，也纷纷前来一起研学。本来清闲的鸿胪寺，一下子就热闹起来了。

一派学术气象，本来是好事，但王阳明不得不谨慎行事。原来，有位客人私下告诉王阳明，他在滁州的门人，自王阳明离开后，因为没有了师父的监督，仗着自己有了一些心得体会，就开始高谈阔论起来。而他们所说的和王阳明所讲的，并不一致，甚至有些观点是背道而驰的。王阳明感叹说："这么些年来，我目睹了士林风气的种种不正，才愿意引领他们走向高明的一面，希望通过他们来改变当下的流风弊端。现在看来，如今的儒家学子已经慢慢沉溺在空邈虚妄之中，喜欢脱离实际而倡导一些新奇的议论，我如今也后悔了。"因此，在南京，王阳明只是跟门人讲解"存天理""去私欲"，希望他们能够通过反省自身，克制私欲邪念，从而潜心探究真理。

王嘉秀，字实夫，沅陵人，在滁州时就师从王阳明。他喜欢谈论佛教和道家的一些学说，于是请教王阳明："佛家引导人们信佛，用的是超脱生死轮回的说法，道家引导人们入道，用的是长生不老的说法。他们的本心其实并不坏，到了一定的境界和儒家也差不多，但是他们只看到圣人'下学而上达'的'上达'，却没有了'下学'，所以是不完整的。而后世的儒家学者，知道'下学'而不懂得'上达'，所以也就流于异端了。相比佛教和道家那些达到境界的人来说，反而有所不及。因此完全没有必要去排斥佛教、道家。我这样的观点，先生认为如何？"

王阳明认为：儒家和佛老，是"差之毫厘，谬以千里"的区别，根本的人生价值认识都不同，不能拿到一起来比较。虽然有王嘉秀所说的到了一定境界后看起来是差不多，但根本上存在区别，实际上并不一样。因为儒家的学习，是为了自己修身养性，而不是去超过佛老。于是王阳明在肯定王嘉秀的观点大致上是正确的后，说："区分'上学'和'下达'，只是普通读书人的观点。如果说到'大中至正'的道理，又怎么去区分呢？'一阴一阳之谓道'，老百姓每天面对和使用这道理，然而他们却浑然不知这道理的存在，是因为他们并不能够领悟。就好比'见仁见智'，仁和智是不同的两个方面，如果偏向于某一面，那就成了弊端，并不可取。"

当和王嘉秀、萧子玉等不明白儒家学说和释、道区别的学生离开时，王阳明赠诗《门人王嘉秀实夫萧琦子玉告归书此见别意兼寄声辰阳诸贤》曰："王生兼养生，萧生颇慕禅。迢迢数千里，拜我滁山前。吾道既匪佛，吾学亦匪仙。坦然由简易，日用匪深玄。始闻半疑信，既乃心豁然。譬彼土中镜，暗暗光内全。外但去昏翳，精明烛嫱妍。世学如剪彩，妆缀事蔓延。宛宛具枝叶，生理终无缘。所以君子学，布种培根原。萌芽渐舒发，畅茂皆由天。秋风动归思，共鼓湘江船。湘中富英彦，往往多及门。临歧缀斯语，因之寄拳拳。"并要求王嘉秀到辰州后，在弟子中传读这首诗。

正德十年（1515年）正月，王阳明进京，其间上疏请求归返故乡，没有得到批准。

刘观时，从沅陵到滁州求学，后和唐愈贤一起到南京，侍奉在王阳明身旁。刘观时的书斋名叫"见斋"，而自己名字中有"观时"二字，觉得"观必有所见"，因此请教王阳明："天道是可以看见的吗？"于是，王阳明特意撰写《见斋说》（乙亥）一篇，记录了两人的对话：

"辰阳刘观时学于潘子，既有见矣，复学于阳明子。尝自言曰：'吾名观时，观必有所见，而吾犹懵懵无睹也。'扁其居曰'见斋'以自励。问于阳明子曰：'道有可见乎？'曰：'有，有而未尝有也。'曰：'然则无可见乎？'曰：'无，无而未尝无也。'曰：'然则何以为见乎？'曰：'见而未尝见也。'观时曰：'弟子之惑滋甚矣。夫子则明言以教我乎？'阳明子曰：'道不可言也，强为之言而益晦；道无可见也，妄为之见而益远。夫有而未尝有，是真有也；无而未尝无，是真无也；见而未尝见，是真见也。子未观于天乎？谓天为无可见，则苍苍耳，昭昭耳，日月之代明，四时之错行，未尝无也。谓天为可见，则即之而无所，指之而无定，执之而无得，未尝有也。夫天，道也；道，天也。风可捉也，影可拾也，道可见也。'曰：'然则吾终无所见乎？古之人则亦终无所见乎？'曰：'神无方而道无体，仁者见之谓之仁，知者见之谓之知。是有方体者也，见之而未尽者也。颜子则如有所立，卓尔。夫谓之如，则非有也；谓之有，则非无也。是故虽欲从之，末由也已。故夫颜氏之子为庶几也。文王望道而未之见，斯真见也已。'曰：'然则吾何所用心乎？'曰：'沦于无者，无所用其心者也，荡而无归；滞于有者，用其心于无用者也，劳而无功。夫有无之间，见与不见之妙，非可以言求也。而子顾切切焉，吾又从而强言其不可见，是以瞽导瞽也。夫言饮者不可以为醉，见食者不可以为饱，子求其醉饱，则盍饮食之？子求其见也，其惟人之所不见乎？夫亦戒慎乎其所不睹也已，斯真睹也已，斯求见之道也已。'"

文中记载，王阳明在肯定是能够看见的之后，话锋一转，说："但是也不能够看见。"刘观时一下就被说蒙了，连忙问："您是说不能够看见吗？"王阳明微微一笑："确实是不能，但也并不是完全不能。"刘观时接着问："到底如何才算是看见天道呢？"王阳明说："能够看见，然而又如同没有看见过。"刘观时说："您这样说，弟子是越来越糊涂了。请先生明示。"

王阳明解释说："天道是没有办法用言语来准确表达的，强行描述的话，反而会使天道变得晦涩难懂；天道可以说是看不见的，假装看见反而会更加远离天道。所以说可以看见而又并没有看见才是真正的感受。没有看见而又不是真的没有看见，这就是真的没有看见。看见了而又好像没有看见,这就是真的看见了。"接着,王阳明开始举例说明,太阳和月亮轮流出现在茫茫天空,春夏秋冬按顺序交替,这些都是天的规律,不能说什么都没有看到。但也不能因此说看到了天,毕竟,太阳和月亮不能等同于天,春夏秋冬四季也不能等同于天,所以,也可以说,根本就没有看到天。于是王阳明总结说:"天就是道,道就是天。风可以捕捉到,影子俯身可以拾取,天道也是可以看见的。"

刘观时担心自己一生也看不到天道了,便问:"难道先代圣贤也是一生都没见过天道吗?"王阳明说:"精神没有形态而天道没有形体,仁者见仁,智者见智,各自看到的都是事物的一个方面。如果说是有形态体貌的,那么所看见的并不是真正的天道。颜回说'就好像有站立在我的面前,很高耸的样子'。他说的'好像',其实就是没有;他说的'有',其实也是没有。因此颜回说过,虽然想要追随天道,但是自己没有能力做到。所以孔子认为颜回是差不多看见了天道的。周文王说自己面对天道而什么也没有看见,这就是真的看见了。"

刘观时听后,似乎有所领悟,问道:"那么我应该如何用功才能做到呢?"王阳明说:"执着于没有,自己不用心,就不会有什么结果;执着于有,就算用心,但没有用在实践上,同样也是辛苦一番之后得不到什么。在有无之间,看见与看不见的妙处,不是言语能够说得清楚的。而你急着想知道答案,我强行说不可能看见,那就是瞎子给瞎子指路。就像跟别人说喝酒不要喝醉,吃饭不要吃饱,他问怎么才是喝醉和吃饱,那么还如何喝酒和吃饭呢?你问怎么才是看见了,是在想别人也看不见吗?没看见的时候保持警惕谨慎,那么到真的看见的时候,就是看见天道的功夫了!"

王阳明说了这么多,就是在警惕有所不能看见,担心有所不能听到。在自己所有的念头里,时刻保持谨慎戒备的心。

六月,王阳明安排弟弟王守文南下,看望父亲王华和年已九十六岁的祖母岑太夫人,临行,王阳明高歌《守文弟归省携其手歌以别之》:"尔来我心喜,尔去我心悲。不为倚门念,吾宁舍尔归?长途正炎暑,尔行慎兴居。凉茗勿频啜,节食但无饥。勿出船旁立,忽登岸上嬉。收心每澄坐,适意时观书。申洪皆冥顽,不足长嗟咨。见人勿多说,慎默真如愚。接人莫轻率,忠信持谦卑。从来为己学,慎独乃其基。纷纷多嗜欲,尔病还尔知。到家良足乐,怡颜报重闱。昨秋童蒙去,今夏成人归。长者爱尔敬,少者悦尔慈。亲朋称啧啧,羡尔能若兹。信哉学问功,所贵在得师。吾匪崇外饰,欲尔沽名为。望尔日慥慥,圣贤以为期。九兄及印弟,诵此共勉之。"

七月,京城的街头巷尾传播着各种言论,大家讨论的主题是朝廷要从外国迎接佛教的事情,朝臣们的进言规谏,都被武宗驳回。王阳明得知这情况后,从另一个方面考虑,却暗自为武宗高兴,认为这是武宗有所改观的开始,虽然出发点未必真的好。而大臣们的谏言，虽然忠君爱国，但没有推究武宗这样做的真实目的。在王阳明看来，迎接佛教，本意是好的。只是世俗儒家学者崇尚正统的说教，所以才竭力阻止。

因此王阳明的看法与众不同，只是担心武宗迎接佛教并不是真心喜欢佛教，而不过是看上了佛教的名声，并没有了解佛教的实质。如果能够寻求佛教的根本，那么也就能够达到唐尧虞舜的圣明，恢复夏商周三代的盛世。真能如此，那就是天下的幸事，百姓的福报。因而，王阳明希望武宗能够"言其好佛之实"。

王阳明分析，武宗即位以来，遭遇了许多变故，并没有闲暇时间探求五帝、三王的神圣大道。而御前讲经的儒学大臣，也只是每袭旧例敷衍了事，致使武宗误以为圣贤的道理也不过如此，因此偶然将心事寄托在佛教。大概武宗认为佛教提倡的清心寡欲，能够超越生死，去除众生的痛苦和烦恼。对于当下的局势，王阳明认为盗贼日益横行，百姓已经非常困难艰苦了。如果佛教能够解除百姓的困难艰苦，让他们快乐起来，那么武宗不计成本迎接佛教的做法，出发点是好的。王阳明只是希望武宗通过朝臣们的言论能够有所反思，毕竟臣子们敢于直言进谏是好事。

关于佛陀，王阳明认为那是外国的圣人；而华夏先代圣人，就是中国的佛陀。中国应当用先代圣人的大道，来教化民众。如同行路用车马，航海用舟船，中国借助佛教，就好比用车马航海，驾车的技术再好，也必定沉溺在海中。两相比较，王阳明认为佛教不可能超过儒家学说。

王阳明也学过佛,后来窥探到圣人之学,便放弃了佛学。因此王阳明认为中国的圣人,唐尧虞舜的仁善慈爱遍及各处,中国华夏也能够传承唐尧虞舜的神圣大道。

王阳明希望武宗能够用喜好佛教的内心,喜好先代圣人,能够用追求释迦牟尼的真诚,来追求唐尧虞舜的神圣大道,如此,就不用舍近求远,就能够很快达到神圣境界。就如孔子所说的"我欲仁,斯仁至矣""一日克己复礼,天下归仁焉",以及孟子所说的"人皆可以为尧、舜"。

这就是王阳明在八月撰写的《谏迎佛疏》(稿具未上)的主要内容,在上疏的最后,王阳明恳切地说:"陛下反而思之,又试以询之大臣,询之群臣。果臣言出于虚缪,则甘受欺妄之戮。臣不知讳忌,伏见陛下善心之萌,不觉踊跃喜幸,辄进其将顺扩充之说。惟陛下垂察,则宗社幸甚!天下幸甚!万世幸甚!臣不胜祝望恳切殒越之至!专差舍人某具疏奏上以闻。"

王阳明的《谏迎佛疏》和韩愈的《论佛骨表》,风格差异很大,和韩愈文章的战斗精神相比,王阳明更有兼容并包的精神。

只是,这一篇《谏迎佛疏》,王阳明并没有递交上去。他递送上去的,是请求归家养病的奏章,然而,还是没被批准。

夫人诸氏,端庄贤惠,沉默寡言,平时精心照料着王阳明的饮食起居,屋里屋外操心不已。只是结婚二十多年了,一直没有怀上孩子,内心愧疚之余,她多次劝王阳明纳妾以便延续香火，可王阳明并没有应允。

父亲王华等得着急了，于是选上王阳明三叔王易直的孙子、堂弟王守信的第五个儿子过继，并亲自操办仪式。于是，这一年，王阳明有了一个儿子，取名正宪，字仲肃，时年八岁。

巡抚南赣

正德十一年（1516年），王阳明回到南京。

此时的南赣，由于皇帝荒淫无度，阉党擅权，社会矛盾尖锐，大小盗匪各自占据山头，烧杀抢掠，危害地方，已经形成掎角之势。江西南赣，东接福建，南接广东，北接湖南，山峰险峻，树林茂密，就成了盗匪理想的盘踞之地。百姓的日子过得不安宁，朝廷也不是没有派兵围剿，如陈金、俞谏，都曾经率部队前往搜讨。

陈金，字汝砺，号西轩，湖广武昌人，成化八年（1472年）进士，正德三年（1508年）任南京户部尚书，次年统兵镇压江西、福建等地农民起义。俞谏，字良佐，桐庐孝泉（今富春江）人，弘治三年（1490年）进士，正德三年（1508年）任江西布政司参议，剿抚并用平定大帽山（今江西寻乌）农民义军钟仕高。正德八年（1513年），步步为营剿灭裴源山农军领袖王浩八，继而进兵建昌、婺源剿灭农民军徐九龄部，江西全境得到一时的安宁。

但是，每次围剿都有余部漏网，加之农民起义此起彼伏连绵不绝，所以盗匪依旧啸聚山林。如横水、左溪、桶冈，贼首谢志珊；上、中、下三浰头，贼首池仲容；还有大贼首陈曰能、乐昌贼首高快马、郴州贼首龚福全、大帽山贼首詹师富，他们相互通气，遥相呼应，以致江西、福建、广东、湖广交界地区，到处是盗匪。右佥都御史（正四品）文森，字宗严，号"白浦先生"，南直隶苏州府长洲人，成化二十三年（1487年）进士，任命巡抚南赣，得知盗匪情况，竟然托病不去赴任。

如此情况之下，兵部的压力可想而知。当时的兵部尚书是王琼，字德华，号晋溪，别号双溪老人，山西太原人，成化二十年（1484年）进士，历事成化、弘治、正德、嘉靖四朝，时人将他比作前辈名臣杨一清，后世将他与于谦、张居正并称为"明代三重臣"。

王琼首先想到的人选竟然是王阳明。王阳明曾经在兵部任职，上疏过《边务八事》，但是没有任何带兵的经验，而且此前和王琼也没有任何私交，甚至两人从来没有见过面。至于王琼为什么选中了王阳明，已经无从考证。但王琼大力举荐王阳明，并说："阳明此行，必立事功。"

九月，经兵部尚书王琼推荐，王阳明升任都察院左佥都御史，巡抚南安、赣州、汀州、漳州等地方。一纸任命书飞来，已不再是虚名闲职，而是要真刀真枪地干了。

这对很多人来说，就是一个建功立业的机会。毕竟儒学最根本的一条宗旨是入世,讲究"修身、齐家、治国、平天下",这积极的人生态度和政治取向,是儒家不同于佛教、道家的地方。

但是,王阳明知道不能接受这个能让自己晋升的职务,一是他的身体状况不能够承受这项重任,长期的肺疾,如此羸弱的身躯哪里能够横刀立马、统领千军。而且,他更专注于圣人之学和传道授业。

十月,王阳明上《辞新任乞以旧职致仕疏》(十一年十月,时升南赣佥都御史):

"臣原任南京鸿胪寺卿,去岁四月尝以不职自劾求退,后至八月,又以旧疾交作,复乞天恩赦回调理,皆未蒙准允。黾勉尸素,因循日月,至今年九月十四日,忽接吏部咨文,蒙恩升授前职。闻命惊惶感泣之余,莫知攸措。窃念臣才本庸劣,性复迂疏,兼以疾病多端,气体羸弱,待罪鸿胪闲散之地,犹惧不称;况兹巡抚重任,其将何才以堪!夫因才器使,朝廷之大政也;量力受任,人臣之大分也。膺仕显官,臣心岂独不愿?一时贪幸苟受,后至溃政偾事,臣一身戮辱,亦奚足惜!其如陛下之事何?况臣疾病未已,精力益衰,平居无事,尚尔奄奄,军旅驱驰,岂复堪任!臣在少年,粗心浮气,狂诞自居,自后涉渐历久,稍知惭沮;逮今思之,悔创靡及。人或未考其实,臣之自知,则既审矣,又何敢崇饰旧恶,以误国事?伏愿陛下念朝廷之大政不可轻,地方之重寄不可苟,体物情之有短长,悯凡愚之所不逮;别选贤能,委以兹任。悯臣之愚,不加谪逐,容令仍以鸿胪寺卿退归田里,以免负乘之诛。臣虽颠殒,敢忘衔结!

"臣自幼失慈,鞠于祖母岑,今年九十有七,旦暮思臣一见为诀。去岁乞体,虽迫疾病,实亦因此。臣敢辄以蝼蚁苦切之情控于陛下,冀得便道先归省视岑疾,少伸反哺之私,以俟矜允之命。臣衷情迫切,不自知其触昧条宪。臣不胜受恩感激,渎冒战惧,哀恳祈望之至!"

疏文的中心思想就是,我身体有病,又没有驾驭千军的才能,无法胜任朝廷重托。但很快武宗复谕没有批准,接着,吏部的公文又在催促赴任,而文森也被武宗斥责为假借疾病躲避困难,以致延误国家大事。至此,王阳明也就不能继续推辞,否则就是抗旨不遵,皇帝一旦发怒,后果不堪设想。

于是,王阳明即刻启程赴任,顺道到绍兴看望九十七岁的祖母岑太夫人和已经告老还乡的父亲,和家人们团聚在一起,欢天喜地。朝廷的任命是有到任限期的,更何况军情如此紧急。王阳明在绍兴住了几天,就告别家人,奔赴江西。

一行人到达江西吉安府万安县,离赣州已近在咫尺。这里是赣江的上游,也是赣江十八滩之一,文天祥有诗"惶恐滩头说惶恐,零丁洋里叹零丁",其中的"惶恐滩",说的就是这地方。

此时,有好几百人的流寇沿途抢夺,吓得商船不敢前行。王阳明身边只有几十个人,面对这一股盗匪,仍然面不改色,一点也不惊慌。他下令将所有的商船都紧靠在一起,形成一个方形战阵,然后扬旗鸣鼓,摆出一副准备开战的阵势,不知底细的人一看,还以为是官军的大队人马出动了。

盗匪们远远观望，误认为征剿他们的官兵杀到，顿时慌不择路赶紧逃离，留下的一些已经吓破胆的余匪只得跪地求饶："我们不是贼匪，只是因饥荒无法养家糊口的流民，请官府老爷放我们一条生路！"

王阳明命令船只靠岸，派人当着一众盗匪宣告："本院前来南赣，带着皇上的旨意，就是要安抚你们。江西灾情本院已经知悉，赈济灾民此后会妥善安排。看在你们为盗不是本意，乃为天灾所致所以今天不予追究。但你们回去之后，各自另谋生路，如有重犯，本院自当严惩！"一众盗贼听了，叩头谢恩，就此散去。

正德十二年（1517年）正月十六日，王阳明到了赣州，正式成为巡抚大人，升堂处理各种事务。他例行一篇《谢恩疏》（十二年正月二十六日）寄往京师："……正月十六日，已抵赣州接管巡抚外，伏念臣气体羸弱，质性迂疏，聊为口耳之学，本非折冲之才。鸿胪闲散，尚以疾病而不堪；巡抚繁难，岂其精力之可任！……受恩思效，每废寝食。……心有余而才不逮，足欲进而力不前；徒切感恩之报，莫申效死之诚。臣敢不勉其智之所不足，竭砥砺于己；尽其力之所可为，付利钝于天。……"

所谓赣南，是由好几个州组成的一个行政区域，南是江西南安府，赣是江西赣州府，汀是福建汀州府，漳是福建漳州府。还有湖广的郴州府和广东韶州府等地。地域广大，盗匪众多，主要的有四股：盘踞在福建之漳州的詹师富、温火烧，盘踞在广东之乐昌、龙川的黄金巢、卢珂；盘踞在广东之大帽、浰头的池仲容；盘踞在江西之桶冈、横水的谢志珊、蓝天凤。

上任伊始，王阳明首先告示安民，然后展开调查和勘察。各种信息反馈过来，让王阳明惊讶的是，盗匪在赣南的耳目竟然如此之多？这远远超出了他的想象。可以想象此前官府的任何举动，都在盗匪的监视之下，官府的行动尚未开始，盗匪便事先得知，内奸的存在是必定的。

警觉的王阳明暗中观察衙门里的所有人。其中一个老隶，非常狡猾，但王阳明仍觉察到他的行为有些反常，尤其是对于军事方面的事务，老隶非常在意甚至主动打听。王阳明断定此人就是内奸，于是将他传进卧室询问起来。交谈之中老隶破绽百出，前言不搭后语，王阳明突然厉声喝道："事到如今，摆在你面前的只有活下去和砍头示众这两条路，就看你怎么选择了。"老隶知道已经被王阳明识破，不敢抵赖，只得跪地交代，叩头请求饶命。

见此情状，王阳明心中主意已定，他要将计就计，好好利用老隶来传递假情报。于是依旧厉声喝道："今天本院可以免除你的死罪，但以后得到盗匪的情报，都要如实上报本院。倘若有所隐瞒和不实，那就再也难以留下你这条小命了。"老隶为求保全性命，又叩头应允，王阳明才放他出去。

为了杜绝盗匪耳目，控制盗匪的活动，做到全民联防，王阳明推出"十家牌法"。这是王阳明在庐陵任县令时施行过的地方保安法，非常有效。具体施行的办法是：给每十家发一张牌，牌上详细记录各户的籍贯、姓名、年貌、行业，每天安排一家轮值，沿各家按牌巡查和核对，一旦遇到可疑的人，需要立刻报告并进行审问，如果有隐瞒不报的，十家连坐。同时出具布告，晓谕父老子弟，务必做到父慈、子孝、兄爱、弟敬、夫和、妇随，长惠、幼顺，严格遵守官府规定，特意强调凡事要相互忍让，不得随意诉讼告官。这是王阳明庐陵任职经验的延续，也是王阳明在南赣做的第一件大事，为的就是固本清源。

既然要平定盗匪，就必须有能够作战的士兵，所以王阳明做的第二件事，就是在民众中练兵。以前南赣每次遇到盗匪猖獗的时候，都是向上奏请派遣官兵、调集粮食，可是等到官府部队集结赶来，盗匪早已退回山林，此时再搜索征讨，既耗费时间又耗费精力，而且还不能完全清剿盗匪。等到官兵撤回，盗匪又纷纷出动，继续骚扰掠夺。长期如此，已经形成恶性循环。临时向上请求调兵，不但丧失了剿灭盗匪的最佳时机，而且让盗匪更加嚣张。王阳明认为，临时调动部队和长期屯兵的做法，都是不妥当的。

因此，王阳明决定自行组建民兵，于是公文下达江西、福建、广东、湖广四省，要求各地的兵备官从各自所属的弓箭手、打手（精于技击、勇敢善战的人）、捕快中挑选骁勇绝群、胆力出众的，每个县十人左右，江西、福建二省的兵备各有五六百人，广东、湖广二省各有四五百人，如此算来，组合在一起，就有了大概两千人的队伍。其中如果有特别出众的，就多给他们发放粮饷，并且升为将领。而南赣的兵备作为总部，自己有权酌情编选，其他四省的兵备官，从各县原定数额内挑选能够作战的士兵，留下大约三分之二，交给各县有能力的人统一训练，专门负责守卫城池和关隘，剩下的三分之一，如果有疲弱而不能胜任的，豁免他们的差役，然后重新招募，作为候补备用。所招募来的精兵，跟随各兵备官驻扎，另外再选出训练官，分成若干小队，各自进行操练。这样一来，各县城驻扎的民兵，就足够来守卫县城，防止盗匪的骚扰了。

最后，王阳明开始筹措军饷。要做到兵马未动，粮草先行，必须有充足的军饷储备，这是所有行伍人所熟知的常识。可是赣南各地连年受灾，百姓本来不堪重负，官府的银库也是入不敷出，那么筹措军饷就只能从商人身上想办法了。

明代盐商非常富有，王阳明决定就从盐商开始。于是，王阳明调查盐商越境私贩的行为，并出台相应规定，让盐商既能得利，又控制不让他们获得暴利，在税收上增加一定比例，甚至加倍，对违规的行为进行重罚。在和邻近省的巡抚沟通协调后，上报朝廷批准，终于从盐商身上解决了军饷的问题。

南赣平盗

完成了户口管理、民兵组建、军饷筹备这三部曲之后,王阳明秘密下令各省的兵备官调遣部队到各交通要道,以此阻断盗匪之间的串联。随后又安排官员统领部队,做好夹攻盗匪的准备。各山头的盗匪,都以为王阳明初来乍到,一下子不能够聚集多少部队,必定还是兵力薄弱不堪一击,何况还是个文官出身的巡抚,哪有能力充当三军统帅,一番冲杀之后,官兵肯定就溃不成军了。盗匪们商量,要趁王阳明立足未稳,集结部队,杀新任巡抚一个下马威。于是,盗匪们暗中调动人马,准备大开杀戒。

王阳明得知消息后,觉得正合心意,连忙密令各位将领:"各个山头的盗匪,既然要远离他们的巢穴,只可能选择速战速决。各部只需在险要关隘提前设下埋伏,等待他们的到来,并且在各乡村的往来大路上,布置好疑兵扰乱盗贼的视线,让盗匪往前行而不能有所收获,往后退也没有地方据守,不用多少天的时间,就可以将他们悉数擒来。如果有人违反军令,就按律追责并军法从事。"各部领了命令,各自安排去了。王阳明又考虑到衙门、军队中,甚至街市上算卦占卜的,都有可能和盗匪私通,此时他们也许就在官府左右,正打听着官府的安排和军队的动向。不只是言论上需要提防,只怕官员、将领的一个眼色或者一个动作,都会让盗匪们经过揣摩后知道。因此,王阳明故意东言一句西说一句,用不着边际的话语扰乱他们的视听。还故意叫上外面算卦占卜的,请他们选择适合出师的吉利日子,而他们选定好的日期,王阳明又偏偏不用。有时说就确定这日子了,然而到了那天又临时取消,继续按兵不动。有时王阳明让士兵吃饱喝足,做出准备出征的样子,可最后部队还是照常操练作息。如此三番五次之后,使得各山头的盗匪神经紧张,无所适从,猜不透王阳明到底哪句是真,哪句是假。

　　王阳明从正月十六日到任,这才二月初,所有的部署都已经落实到位。于是,王阳明密令各路人马开始从小路出征,向漳南的詹师富进发。詹师富盘踞闽南山区十多年,为人心狠手辣,行事阴险残暴,出了名的老奸巨猾。王阳明选择詹师富作为第一个对付的盗匪,就是因为他气焰过于嚣张,何况闽南的盗匪相对来说比较孤立,难以和其他盗匪相互串联呼应。自己到赣南剿匪的第一战,胜负尤为重要,要对这些盗匪各个击破的话,必须先打闽南,而且只许胜不许败。

　　部队行军到长富村,就和盗匪发生遭遇战,官军在副使、福建金事胡琏的率领下,大获全胜,斩杀盗匪无数。盗匪余部逃往象湖山，官军随后一路追逐，到了莲花石，安营扎寨和盗匪形成对垒局面，而南方的广东官兵也正好赶到，于是准备前后合围。盗匪见势头不对，就要不顾一切准备突围。二月十九日，王阳明将精锐部队兵分三路，悄然行军，向象湖山各个隘口进逼。但在这一场战斗中，官军并不顺利，指挥官覃桓、县丞纪镛在混战中阵亡。各部将领纷纷来到王阳明的大帐，建议上奏调动狼兵（土司狼人组成的军队），其间各部先行休整，等到秋天，再一起大举围剿。王阳明勃然大怒，指出这样的话，各将领就会坐失良机，并把官军和盗匪双方的势态，给他们分析透彻，然后责令他们将功赎罪。于是，王阳明再次安排好作战方案，说兵贵神速，兵贵士气，这一仗必须速战速决。

众将领依计行事，故意放风说回兵退师，要等到秋后集结狼兵再举兵围剿，然后将主力部队隐蔽起来，让部分老弱病伤先行返回，给盗匪造成官军回师的假象。接着曾崇秀等人潜入山区，窥探盗匪的情况。而王阳明则亲率大军进驻上杭，行军途中，王阳明还即兴吟就《丁丑二月征漳寇进兵长汀道中有感》记录带兵入漳的情景："将略平生非所长，也提戎马入汀漳。数峰斜日旌旗远，一道春风鼓角扬。莫倚贰师能出塞，极知充国善平羌。疮痍到处曾无补，翻忆钟山旧草堂。"

此时的詹师富欣喜若狂，有些忘乎所以了，雷声大雨点小，根本就不用把王阳明放在眼里啊！然而，王阳明指挥官军突然发起进攻。刚刚还在狂笑的盗匪们顿时大惊失色，仓皇之间各自逃命而去……凭险固守的要塞已经丢失，詹师富只得率领剩余的盗匪退到山顶，做最后的挣扎。王阳明亲临前线指挥，官军越发奋勇鏖战。盗匪不出所料大败而逃，官军们乘胜追击。福建、广东两省援兵也先后赶到，从四周包抄过来。

这一战，官军连破四十余寨，斩杀、俘获盗贼七千多人。贼首詹师富被俘，温火烧当场被斩首，剩余四千多盗匪溃散。至此，漳南的匪患一扫而清。

首战大获全胜，王阳明的捷报飞奏朝廷，并奏明立功人员，请求论功行赏以鼓舞士气。

三月，春耕时候，依然干旱，百姓心急如焚。王阳明作《祈雨辞》（正德丙子南赣作）："呜呼！十日不雨兮，田且无禾；一月不雨兮，川且无波；一月不雨兮，民已为疴。再月不雨兮，民将奈何？小民无罪兮，天无咎民！抚巡失职兮，罪在予臣。呜呼！盗贼兮为民大屯，天或罪此兮赫威降嗔；民则何罪兮，玉石俱焚？呜呼！民则何罪兮，天何遽怒？油然兴云兮，雨兹下土。彼罪遏逋兮，哀此穷苦！"又作《祈雨二首》，其一："旬初一雨遍汀漳，将谓汀虔是接疆。天意岂知分彼此，人情端合有炎凉。月行今已虚缠毕，斗杓何曾解挹浆。夜起中庭成久立，正思民瘼欲沾裳。"其二："见说虔南惟苦雨，深山毒雾长阴阴。我来偏遇一春旱，谁解挽回三日霖？寇盗郴阳方出掠，干戈塞北还相寻。忧民无计泪空堕，谢病几时归海浔？"字里行间，能够感受到王阳明对民众的关切之心。说来也怪，祈雨之后不久，真的下起大雨来。

四月，王阳明率部冒雨班师回到上杭。于是有人提议，祈雨的行台，应当命名为"时雨堂"，并且请王阳明作文记之。这就是如今福建龙岩市上杭县瓦子街所存的阳明亭和时雨记碑。王阳明所作的《时雨堂记》（丁丑），全文为：

"正德丁丑，奉命平漳寇，驻军上杭。旱甚，祷于行台；雨日夜，民以为未足。乃四月戊午班师，雨；明日又雨；又明日大雨。乃出田登城南之楼以观，民大悦。有司请名行台之堂为"时雨"，且曰："民苦于盗久，又重以旱，将谓靡遗。今始去兵革之役，而大雨适降，所谓'王师若时雨'，今皆有焉。请以志其实。

"呜呼！民惟稼穑，德惟雨，惟天阴骘，惟皇克宪，惟将士用命，去其螣蟘，惟乃有司实耰获之，庶克有秋。乃予何德之有，而敢叨其功！然而乐民之乐，亦不容于无纪也。巡抚都御史王守仁书。是日，参政陈策、佥事胡琏至，自班师。"

接着，王阳明又写了《喜雨三首》，其二："辕门春尽犹多事，竹院空闲未得过。特放小舟乘急浪，始闻幽碧出层萝。山田旱久兼逢雨，野老欢腾且纵歌。莫谓可塘终据险，地形原不胜人和。"其三："吹角峰头晓散军，横空万骑下氤氲。前旌已带洗兵雨，飞鸟犹惊卷阵云。南亩渐忻农事动，东山休共凯歌闻。正思锋镝堪挥泪，一战功成未足云。"

喜上加喜的是，弟子蔡宗兖参加会试，进士及第，后官至四川提学佥事。然而王阳明却高兴不起来：漳平的盗匪虽然剿灭，但还有几千名匪徒逃散，如果这些残党重新聚集，死灰复燃，到时候又该怎么办呢？赣南盗匪，长期相互串通，一旦有军情，瞬息之间，变幻莫测，而且凡事都要向朝廷请奏，自己作为主师并没有权力当机立断进行应对，如此贻误战机又该怎么办呢？再加上各省的军队，编制并不统一，一旦开战调遣非常不便，到时又该怎么办呢？

太多太多的问题，让王阳明陷入了沉思。但是，剿匪的事务不能放松，于是，王阳明一面组织军队开展训练，为围剿横水、左溪、桶冈、浰头的盗匪做准备，一面奏请在河头设立平和县，负责治理山民，组织防御。不久，王阳明又上奏朝廷，请求给予令旗令牌，其实就是希望朝廷能够让自己有更大的权力，以方便在征剿过程中调兵遣将，赏功罚过。

五月，设置平和县的奏章得到批复，平和县正式成立。六月，王阳明上疏《疏通盐法疏》（十二年六月十五日），根据各地关于通盐的各种回报，认为："岁费不赀而仰给于商税独重。前项商税所入，诸货虽有，而取足于盐利独多。"提出："一面行令前商，许于袁、临、吉三府贩卖，所收银两，少为助给；一面别行议处，以备军饷。庶使有备无患，不致临期缺乏。候事少宁，另行具题禁止。庶袁、临、吉三府无乏盐之苦，南、赣二府军门得军饷之利，而关津把截去处免阻隔意外之变，诚为一举而三得矣等因。"

七月，王阳明准备围剿安南大庾岭的陈曰能。

陈曰能，成为盗匪已经十年之久，他盘踞在大庾岭的深山之中，凭借山高坡陡的险要地形，官府几次围剿都拿他没有办法。

陈曰能有他与众不同的地方，得知官府要围剿，其他盗匪都是退缩到山寨凭险固守，而陈曰能是敢于发起试探性进攻的。在几次骚扰之后，因为王阳明没有任何反应，陈曰能便一厢情愿地判断：王阳明并不是一个有能力的官员，和以前来征剿的巡抚没有什么不同之处。

但是陈曰能低估了对手的能力，此时的王阳明，只是想静观其变，然后通过各路盗匪的反应，判断他们是否"动心"。这是王阳明心学中提出的经典方法：此心不动，随机而动。越是狡诈之人，内心的弱点也越明显，那就是常常容易动心。

王阳明抽调各部的青壮年兵丁，组成四支团练队伍，集结到赣州进行训练。盗匪在赣州的探子，将官府备战的消息传回，陈曰能在通往大庾岭山寨唯一的一条路上，安排大量人马驻守，时刻准备抵御官府的攻击。就在陈曰能精神高度紧张的时候，王阳明竟然命令团练的队伍每天训练完后就解散回家，不再集中在营地住宿。一开始，陈曰能认为这是王阳明的诱敌计策，目的就是想让自己放松戒备，然后实施偷袭。因此，陈曰能嘱咐手下时刻加强警备。

可是过了一段时间后，官军迟迟没有动静，这时候陈曰能彻底放心了，认为王阳明也不过如此，到南赣并不是真心要围剿自己。因此，原本高度集中的戒备心逐渐放松。一天下午，王阳明依旧让训练完的士兵回家，但是，晚上却将他们悄悄集结，下令急行军开赴大庾岭。于是，王阳明的军队非常轻松地拿下了陈曰能的山寨，一把大火，将土匪窝烧得个光秃秃。陈曰能虽然侥幸一时逃出，但在途中还是被抓获。

王阳明这边连续剿灭盗匪，朝廷的官员们也没有闲着。王阳明请求授予旗牌的上疏到了京城，武宗可没闲工夫管这样的小事，最终的决定权全在内阁和兵部。当时的内阁首辅是杨廷和，字介夫，号石斋，四川成都府新都人，祖籍庐陵（今江西吉安），成化十四年（1478年）进士，历仕宪宗、孝宗、武宗、世宗四朝。杨廷和是比较开明的，而兵部尚书王琼，就是王阳明出任赣南巡抚的推荐人。

只是官场上的事，未必就是一加一等于二这么简单，其中的微妙，让人永远无法做出准确的判断。好在杨廷和依然表现得宽宏大量，毕竟剿匪是国家当前的头等大事，王琼和王阳明并不能威胁到他的地位，尽管王阳明在捷报中只提及兵部的支持。

九月，圣旨下来：王阳明由巡抚改为提督南赣汀漳等处军务，钦授旗牌八面，可便宜行事。旗牌在身，就代表有了先斩后奏的权力，还可以根据需要不用上奏就调动兵马，也就是说，王阳明有了一展抱负的契机。这些，对于一心剿匪的王阳明来说，是十分需要的。

王阳明开始改编部队：每二十五人编为一伍，设小甲；

五十人为一队,设总甲;二百人为一哨,设哨长一人、协哨二人;四百人为一营,设营官一人、参谋二人;一千二百人为一阵,设偏将一人;二千四百人为一军,军设副将,但不固定,有战事的时候临时任命。对小甲、总甲、哨长、协哨、营官、参谋、偏将、副将的权力和职责,如何选拔,王阳明分别做出了规定。通过层级管理,以此加强对军队的把控。

这是王阳明对江西客家人的一个重要贡献,恢复了秦、汉、唐的保伍制度,建立了民兵武装。后来的曾国藩、袁世凯,都曾效法这一制度。

漳州、南安的盗匪已经平定,广东北部乐昌、龙川的盗匪也有所收敛,王阳明认为官府近来的作为已经对盗匪产生了一定的震慑作用,因此考虑到先行招抚。于是王阳明撰写《告谕浰头巢贼》(正德十二年五月),广而告之:

"本院巡抚是方,专以弭盗安民为职。莅任之始,即闻尔等积年流劫乡村,杀害良善,民之被害来告者,月无虚日。本欲即调大兵剿除尔等,随往福建督征漳寇,意待回军之日剿荡巢穴。后因漳寇即平,纪验斩获功次七千六百有余,审知当时倡恶之贼不过四五十人,党恶之徒不过四千余众,其余多系一时被胁,不觉惨然兴哀。

"因念尔等巢穴之内,亦岂无胁从之人。况闻尔等亦多大家子弟,其间固有识达事势,颇知义理者。……故今特遣人告谕尔等,勿自谓兵力之强,更有兵力强者,勿自谓巢穴之险,更有巢穴险者，今皆悉已诛灭无存。尔等岂不闻见？

"夫人情之所共耻者，莫过于身被盗贼之名；人心之所共愤者，莫甚于身遭劫掠之苦。……

"乃必欲为此，其间想亦有不得已者，或是为官府所迫，或是为大户所侵，一时错起念头，误入其中，后遂不敢出。此等苦情，亦甚可悯。……

"我每为尔等思念及此，辄至于终夜不能安寝，亦无非欲为尔等寻一生路。惟是尔等冥顽不化，然后不得已而兴兵，此则非我杀之，乃天杀之也。……

"闻尔等辛苦为贼，所得苦亦不多，其间尚有衣食不充者。……岂如今日，担惊受怕，出则畏官避仇，入则防诛惧剿，潜形遁迹，忧苦终身；卒之身灭家破，妻子戮辱，亦有何好？尔等好自思量。

"若能听吾言改行从善，吾即视尔为良民，抚尔如赤子，更不追咎尔等既往之罪。……尔之财力有限，吾之兵粮无穷，纵尔等皆为有翼之虎，谅亦不能逃于天地之外。

"呜呼！吾岂好杀尔等哉？尔等若必欲害吾良民，使吾民寒无衣，饥无食，居无庐，耕无牛，父母死亡，妻子离散；吾欲使吾民避尔，则田业被尔等所侵夺，已无可避之地；欲使吾民贿尔，则家资为尔等所掳掠，已无可贿之财；就使尔等今为我谋，亦必须尽杀尔等而后可。

"吾今特遣人抚谕尔等，赐尔等牛酒银两布匹，与尔妻子，其余人多不能通及，各与晓谕一道。尔等好自为谋，吾言已无不尽，吾心已无不尽。如此而尔等不听，非我负尔，乃尔负我，我则可以无憾矣。

"呜呼！民吾同胞，尔等皆吾赤子，吾终不能抚恤尔等而至于杀尔，痛哉痛哉！兴言至此，不觉泪下。"

告示大意是：本院到此地巡抚，是要铲除盗贼并且安抚百姓。上任之初，就听说你们常年烧杀抢掠，祸害百姓，本想立即剿灭你们，但先行征剿了漳州贼寇，斩杀、俘获贼寇共七千六百多人，通过审查得知，漳州贼寇带头作恶匪首也就四五十人，真正的同伙也不过四千人左右，其余大多数不过是一时被胁迫所致。

接着，王阳明施之以礼。说：由此想到在你们当中，肯定也有不少被迫跟从的人，听说还有不少是大户人家子弟，其中也必定有通晓义理的人。我至今不曾派人来招抚，怎么能够突然发兵剿灭你们？所以今天派人前来告谕，不要自以为兵力强大，不要自以为巢穴险要，比你们强大、险要的盗贼，也被我全部歼灭了。

然后，王阳明动之以情。说：人情所以都感到羞耻的，就是不得已而身负盗贼之名。如果有人当面骂你们是贼，必定会大动肝火怒气腾腾，因为心里讨厌这盗贼的恶名。如果有人烧毁你们的房屋，抢夺你们的财产，霸占你们的妻女，你们也一样对他们恨之入骨，想方设法报仇雪恨。你们现在将恶行施加在别人身上，难道不懂他们的痛恨之心吗？你们成为盗贼，一定也有自己不得已的苦衷，一时冲动以致误入歧途，而轻易不敢回头。如果说当初去做贼寇，是活人寻死路，现在如果能弃恶从善，那就是死人有了活路。如果你们脱离匪巢，官府为什么一定要杀你们呢？本院很想给你们寻一条生路，剿灭你们也绝对不是我的本心。

继而，王阳明又设身处地为他们考虑：听说你们作为贼寇收入并不多，有时候连衣食都得不到保障。为什么不回来种田经商，安心享受自由自在的生活，不用像现在这样，整日担惊受怕，躲避官府，防范仇家，担心被剿，这样的日子有值得留恋的理由吗？

最后，王阳明晓之以理。说：本院现在派人前来安抚晓谕，赐给你们牛、酒、银两和布匹，各发一篇晓谕，你们好自为之。如果你们还是不听我劝告，就不是我有负于你们了。天下都是我的同胞，你们都是朝廷的赤子，我如果最终不能招抚你们，就只能诛杀你们，悲痛啊！说到这里，眼泪忍不住流了下来。

告示四处张贴、散发，当然也到了匪首黄金巢、卢珂的手里。而手下喽啰之中，早就传开了，都在窃窃私语，军心因此浮动。最终，在王阳明强大的攻心战术之下，黄金巢、卢珂心动了。与其战死而被剿灭，不如求得一条生路！于是他们率领部下前来投诚。王阳明坚守告示中的承诺，不惩罚，不杀头。

就这样，不费吹灰之力，乐昌、龙川两地的盗匪悉数平定。紧接着，朝廷表彰王阳明的功绩，官升一级，赏白银、布匹若干。

但是江西、湖南、广西三省接近的桶冈、横水盗匪，和江西、广东、福建三省接近的浰头盗匪，仗着人马众多，依然我行我素，不接受招安。

乘勇追寇

秋天过了,湖广巡抚都御史陈金派人送来书信,建议集结湖广、江西、广东三省的兵力,夹攻桶冈的盗匪。

十月,王阳明召集大家商议,然而意见并不统一。王阳明认为,桶冈、横水、左溪,三地盗匪串通,患害虽然一样,但地形、势力有差异。于是王阳明说:桶冈、横水、左溪的盗匪,从湖广方面来看,桶冈是扼要之地,横水、左溪是中心地区;而从江西方面来看,横水、左溪是中心地区,桶冈却成了辅助的羽翼。而军队目前部署在南赣,自然要以江西作为本位来看盗匪,如果不先除去江西的腹心之患,反而和湖广夹攻桶冈,进兵两股盗匪的右上间,部队势必腹背受敌被盗匪夹击。如今我们出其不意,对这两股盗匪速战速决,完全可以取得胜利。横水、左溪的盗匪剿灭了,再进攻桶冈,那就势如破竹了。

于是王阳明调兵遣将:指挥郏文领兵千余,从大庾县义安一路出击;知府唐淳领兵千余,从大庾县聂都一路出击;知府季斅领兵千余，从大庾县稳下一路出击；县丞舒富领兵千余，从上犹县金坑一路出击，而王阳明亲自领兵千余，从南康一路出发进驻至坪。相约十一月初一，各部会集后，直捣横水盗匪的老巢。又命令副使杨璋、参议黄宏，监督各营的官兵，负责往来的军饷供给。

十月初七日，各部队一齐出发。初十日，王阳明的部队行军到至坪，先行的探子回来报告说："盗匪在各地的险要关隘，都设置了滚木礌石。"王阳明见盗匪已经据险固守，自然就很难逼近，于是亲自率领官兵连夜行进，在离盗匪老巢三十里处安营扎寨，并派人砍伐树木，打造护栅，挖掘堑沟。这是王阳明假装要长久驻扎等待援军的样子。

谢志珊（又作谢志山），江西上犹人。正德十一年（1516年），与同乡蓝天凤等，号召起义，并建立农民政权，称"征南王"。谢志珊见王阳明的阵势，以为官兵尚未集结完毕，战事还不会很快发生，所以并没有将王阳明的部队放在心上。

王阳明安营完毕，立即召集善于登山的樵夫，和民兵们混编在一起，安排官员统领，约四百人，带上快炮钩镰，从偏僻的小路攀登山崖而上，分别驻扎在远近各个山头，建造大量的土灶，准备好茅草干柴，约定好时间，到时候摇旗、举炮、纵火相应。又命令千户陈伟、高睿，各领数十名壮士，沿着山崖而上，专门去夺取盗匪占据的山头险要处，也一并约好时间行事。

十二日天刚破晓，王阳明指挥部队开进到十八面隘，谢志珊哪曾料到官兵来得如此之快，带着盗匪凭借险要应战，两军激战正酣，忽然远近山顶炮声四起，焰火翻腾，官兵的旗帜到处飘展。盗匪以为各山头的巢穴都被攻破，顿时惊慌无措，于是舍弃险要关隘四处鼠窜。而指挥官谢昶、冯廷瑞带兵突击攻入盗匪巢穴，到处纵火追杀，盗匪想撤退却发现已经被断了后路，而各路官兵又如期合围，杀得盗匪大败奔溃。

这一战，生擒盗首谢志珊，斩获盗匪大小头目五十六名，斩杀盗匪首级二千一百六十八颗，擒获盗匪及从属二千三百二十四名，其他的如军仗、牛、马等，不计其数。王阳明令部下将大小山寨一把火全部烧掉了。

王阳明觉得谢志珊是个有能力的人，可惜他的才能用错了地方，但又十分好奇为什么会有这么多人愿意跟随他。谢志珊说，但凡遇到意气相投的好汉，就不会轻易让他离开，必定和他相交，有吃喝的时候一起吃喝，有什么困难就尽力帮他解决，等到他感恩戴德的时候，就招收他加入，如此这般就没有人不投靠的。王阳明一声叹息，说：儒家一生以义气求得朋友的好处，与盗匪收买人心的方式，难道有什么不同吗？于是下令将谢志珊斩首示众。

横水、左溪已破，趁连天小雨，部队稍事休整之后，王阳明乘胜挥师进兵桶冈。不到三日，部队长驱百多里，将桶冈里三层外三层围得密不透风。到二十七日，众将领请求乘胜进攻桶冈。

王阳明知道桶冈是个险要之地,四面大山壁立万仞,中间盘旋百余里,连峰插天,到处都是深林绝谷,抬头望不见日月。于是王阳明找来向导询问,向导说:"桶冈盗匪出入要道,只有锁匙龙、葫芦洞、茶坑、十八磊、新地五处,这些地方都架有木栈和爬梯,需要攀缘绝壁而上。只有上章这一条路,地势稍微平坦一些,但是在湖广那边,得绕道过去,大概要多花半个月时间。"

王阳明考虑盗匪占据天险之地,一劳永逸足以对付围剿,如果这时候兴师远进,不但行军不方便,而且横水、左溪的盗匪余部,都逃到了桶冈,大敌当前势必凝聚成一股势力,守卫巢穴必定是竭尽全力。而官军经过三天的长途跋涉,想要乘胜进攻险地,那就是"强弩之末势不能穿鲁缟"了。

桶冈的盗匪老巢既然已被围住,那就不着急一时的进攻。何况,阴雨连绵,天公也不作美。心中想法已定,于是,王阳明决计把大营移屯近城,休整士兵蓄养军威,派人通知各营部队,要等到盗匪犹豫的时候,再趁机偷偷发兵突然袭击。接着,王阳明传令将擒获的盗匪头目钟景,押进帐中,解开捆绑他的绳索,放他回山去,命令他去劝说盗匪投降。

钟景奉命而行,顺着绳索进入盗匪营地,见过盗首蓝天凤,于是一众盗匪头目,被传到锁匙龙聚集商议。以横水、左溪前来投奔的盗匪为主的一派,坚持不能投降,认为从地形上看桶冈远比横水险峻,而且粮草充足,进可攻退可守,不能把自己变成别人的阶下囚任由宰割。一派主张接受招安，认为官府的告示写得清清楚楚，而且有黄金巢、卢珂的例子在前头。

盗匪头目们争论不休，把如何准备迎战的事，忘到了脑后。时间就这样一天天过去。王阳明这边却没有闲着，将钟景派去盗匪老巢后，王阳明命令县丞舒富领兵数百，屯扎在锁匙龙，意在逼迫盗匪出来投降；又命令知府邢珣统兵进驻茶坑，知府伍文定率兵驻扎在西山界，知府唐淳带部队扎营在十八磊，知县张戬领军安营在葫芦洞，一律要求在十月三十日，乘夜赶到各自领命的地方。

那天早晨，刚刚下完一场大雨，桶冈的盗匪头目们还在唾沫四溅地打着嘴仗，忽然各地兵败逃回的匪徒纷纷来报：四山险隘，都被官兵攻破了。原来，经过几天休整后，王阳明下令全线出击！养足了精神的官兵，在当地向导的带领下，从上章入口攻向匪巢。毕竟再险峻的山，只要山上有人居住，总是有路可以进入的。

蓝天凤哪曾想到，在这大雨滂沱道路泥泞的时候，王阳明居然会突然攻山。众盗匪闻信惊惶乱散。蓝天凤想镇住场子，但看着众匪首带人离开也是毫无办法，只好率领男女盗匪一千多人，在绝险的内隘把守，准备隔着山水和官军对峙。盗匪尚未安排就位，只见官兵已经渡水而来，分为两部左右夹攻。面对强势的官军，蓝天凤一众抵挡不住，只得且战且退。一直到中午，大雨停止，天开始放晴，官兵越战越勇，稳步向前，盗匪终于溃败。

战斗其实很艰苦,双方都死伤无数,但最终胜利的天平偏向了王阳明。这一场战役,官军大破盗匪巢穴三十余处,斩擒盗首蓝天凤及大小头目等三十四名,盗匪首级一千一百零四颗,生擒盗匪二千三百零一名。

取胜之后,王阳明上章奏捷,并请在上犹、大庾、南康三县中间,添设崇义县治,分设巡检司,扼守要害关隘,控制战后局面。接着,王阳明安排善后事宜,一是命令各路军马继续出击,搜索各山寨以及逃逸的盗匪,要做到清除干净不容有盗匪漏网;二是留下少量兵马在大庾县城内,以防盗匪死灰复燃;三是在当地大力推行"十家牌法"。

十二月,王阳明班师回南赣,路过南康,受到百姓的热烈欢迎,有的地方还为他建立了生祠,不少受尽盗匪之苦的民户,还在家里供拜王阳明的画像。在剿匪和班师途中,王阳明也顺便游览了不少当地的山水,写了不少诗。在桶冈,王阳明作《桶冈和邢太守韵二首》,其一:"处处山田尽入畲,可怜黎庶半无家。兴师正为民瘼甚,陟险宁辞鸟道斜。胜世真如瓴水建,先声不碍岭云遮。穷巢容有遭驱胁,尚恐兵锋或滥加。"其二:"戡乱兴师既有名,挥戈真已见风行。岂云薄劣能驱策?实仗皇威自震惊。烂额尚惭为上客,徙薪尤觉费经营。主恩未报身多病,旋凯须还陇上耕。"诗中对民众的关切,对盗匪的痛恨,以及想功成身退归家养老的心情,表现得淋漓尽致。

在通天岩，王阳明作《游通天岩次邹谦之韵》："天风吹我上丹梯，始信青霄亦可跻。俯视氛寰成独慨，却怜人世尚多迷。东南真境埋名久，闽楚诸峰入望低。莫道仙家全脱俗，三更日出亦闻鸡。"又作《游通天岩示邹陈二子》："邹陈二子皆好游，一往通天十日留。候之来归久不至，我亦乘兴聊寻幽。岩扉日出云气浮，二子晞发登岩头。谷转始闻人语响，苍壁杳杳长林秋。嗒然坐我亦忘去，人生得休且复休。采芝共约阳明麓，白首无惭黄绮侪。"都表达了对大好河山的热爱。

闰十二月，朝廷准奏，设江西崇义县。

回到南赣，王阳明总结这几次围剿盗匪的得失。当年尚未到达南赣的时候，朝廷就有三省夹攻之议，后来湖广巡抚陈金也曾致信重提此事。王阳明认为"夹攻大举，恐不足以灭贼"，当时上《攻治疏》，就曾据理力争："朝廷若假以赏罚，使得便宜行事，动无掣肘，可以相机而发，一寨可攻，则攻一寨；一巢可扑，则扑一巢。量其罪恶之浅深，而为剿抚之先后，则可以省供馈征调之费。日剪月削，渐尽灰灭。此则如昔人拔齿之喻，齿拔而儿不觉者也。若欲夹攻以快一朝之忿，则计贼二万，须兵十万；积粟料财，数月而事始集。兵未出境，贼已深逃，锋刃所加，不过老弱胁从之辈耳。况狼兵所过，不减于盗。近年江西有姚源之役，福建有汀、漳之寇，府江之师，方集于两广，偏桥之讨，未息于湖、湘，若复加以大兵，民将何以堪命？此则一拔去齿，而儿亦随毙者也。"但是朝廷的命令既然已经下达，自然不会更改。王阳明在实际操作中，借用"三省大举"的名义，使用夹攻的策略，但平定盗匪有自己的先后顺序，而且经常只是两省合兵，所用军队还是以民兵为主。现在回过头看，一场接一场的胜利，证明了王阳明战略战术的正确。

空闲之余，王阳明也没有忘记圣人之学的大事，依旧给门人讲学，从这时期他和别人的通信中就能窥得一二。他在《与薛尚谦》（戊寅）其三中写道：

"日来因兵事纷扰，贱躯怯弱，以此益见得工夫有得力处。只是从前大段未曾实落用力，虚度虚说过了。自今当与诸君努力鞭策，誓死进步，庶亦收之桑榆耳。

"日孚停馆郁孤，恐风气太高，数日之留则可，倘更稍久，终恐早晚寒暖欠适。区区初拟日下即回，因从前征剿，撤兵太速，致遗今日之患。故且示以久屯之形，正恐后之罪今，亦犹今之罪昔耳。但从征官属已萌归心，更相倡和，已有不必久屯之说。天下事不能尽如人意，大抵皆坐此辈，可叹可叹！

"闻仕德失调，意思何如？大抵心病愈则身病亦自易去。纵血气衰弱，未便即除，亦自不能为心患也。

"小儿劳开教，驽骀之质，无复望其千里，但得帖然于皁枥之间，斯已矣。门户勤早晚，得无亦厌琐屑否？不一。"

意思就是说这些天来忙于战事，而自己身体羸弱，治学没有从前那样用功，感觉时光都虚度了。今后还是要和大家一起互相努力、互相鞭策，只有这样才能有所补救。接着介绍了最近剿匪的事情，也表明自己已经萌生退意。最后对薛侃（即薛尚谦,王阳明弟子,也是王阳明儿子王正宪的老师)表示感谢。

湖南、广东、福建、江西四省交界的盗匪,现在只剩下三浰的盗首池仲容了。池仲容,又叫作池大鬓,别号金龙霸王,和平县浰头(浰源)曲潭村人,祖祖辈辈靠租田、打猎为生。王阳明攻打横水时,担心三浰的盗匪趁着南赣空虚而进犯,便派人多发告示,劝池仲容投诚。不少盗匪还是愿意为善,唯独池仲容对盗匪们说:"我们这些人成为盗匪,不是一年两年的事了,官府来招安,也不止一次两次,都是在纸上说话,怎么能够值得我们相信呢?只有等着看黄金巢等人投降以后,如果真的没有什么事情发生,再来计议该如何应对。"而黄金巢等投诚到官府后,王阳明免去了他的罪责,推诚布公地进行安抚,转为新民的盗匪个个心悦诚服,王阳明还在其中选出五百人,让他们跟随官府大军征讨横水。

池仲容听到横水被攻破的消息,内心已经开始害怕,加之看到黄金巢、卢珂被官府善待,于是安排他的兄弟池仲安带领老弱残兵二百余名,前去投奔官府(一说假意投奔,本书只陈述事实,不作无证据的主观猜测)。王阳明到南赣后,一直视池仲容为"数千年巨寇,三省群盗祸根",虽然现在有先遣人员接受了招降,但并不让人完全放心。于是,王阳明一面把池仲安等人安置妥当,一面又命官兵小心提防。进兵桶冈时,王阳明命池仲安带领部下,到上新地执行军务,目的之一就是把他的消息隔断,其二就是路程遥远不能随意归去。

而池仲容得知桶冈又被攻破，怕官军也来进攻他，于是大修战备。王阳明正好派人前往进行赏赐和安抚。池仲容对来使诈说，有消息指龙川新民卢珂、郑志高、陈英等可能会来偷袭，因此预先防备，并不是忧虑官兵。王阳明听后，又派人好言慰谕池仲容，希望他能够前来投诚。

十二月，王阳明回到了赣州，召集巡捕官，说："如今征讨已经结束，又正是平和的丰收年，这是难得的好事，可以传令各家各户，大张旗鼓庆祝一番。"又下令犒劳将士，让民兵解散回家务农，表示不再征用。于是赣州城中，家家张灯结彩，处处锣鼓喧天，一时商旅云集，各种民间表演争奇斗艳。随后，王阳明把池仲容当作已经归降的部下对待，派人奖赏他钱物。

池仲容接受了王阳明的犒劳，对亲信头目说："若要前进一步，就要先后退一步，赣州的这些手段，必须我亲自过去看个究竟才行。"于是池仲容带领大小首领共四十多人，亲来赣州道谢。王阳明探得池仲容果然上路，秘密安排官兵在各处先行准备，等待命令。又派千户孟俊到龙川，督领卢珂部下防止生出其他变故。

池仲容到了赣州，看到一片欢乐喜庆的气氛，将信将疑的他让众人在城外安营，只带几个人来见王阳明。王阳明非常客气，说："都是我治下的好百姓，怎么能够过门而不入，都请进来吧，我要好好招待他们一下。"池仲容听了，连忙说："实在不敢鲁莽轻率地前来叩见，所以让他们安营在城外，听候大府的命令。"王阳明随即派人引他们到祥符宫住下。

正德十三年（1518年），池仲容随王守仁在城里观灯看大戏，盗匪的众首领开心地度过了大年初一、初二。王阳明也时时向池仲容招降，但池仲容并没有当场接受，只表示想尽早回到山寨。初三，王阳明照样设宴招待，并为池仲容饯行，就在准备离去时，王阳明早先安排的伏兵，一举将池仲容等人全部拿下。就在大年初三晚上，池仲容及大小首领四十多人全部被杀。

王阳明暗自认为若不能感化盗匪，必定招致杀戮，内心并不高兴。到了中午，竟然眩晕呕吐，水米不能入口。

王阳明决定最后攻打三浰，是有多方面考虑的，一是路程遥远，出征势必人马疲乏，会影响到对其他盗匪的征剿。二是池仲容势力强大，强行征讨的话，杀敌一千自损八百，盗匪没有剿清，也没有足够的时间完成修整。三是三浰的地形复杂，如果征伐受挫，容易打击士气。所以，放在最后讨伐，百利而无一弊。

当晚，王阳明下令各县部队出发，在限定的时间攻入匪巢。盗匪们被招抚麻痹，根本没想到官兵会来征讨，因此没有任何防备，仓皇之中只纠集一千多人，在龙子岭凭险设伏，准备和官兵死战到底。

双方激战良久，经过十几个回合的进退，官军终于攻下上浰、中浰和下浰。这一战，一共攻破盗匪巢穴三十八处，斩获盗匪头目五十八名、盗匪二千余名，剩下的盗匪都向九连山狂奔逃命而去。

九连山地处广东惠州连平的东面，周围数百里群山起伏，石壁峭绝，环绕连接着九个县，相比三浰的地形，更加凶险，而距离三浰，正常需要半个月的路程。王阳明征剿盗匪的大功即将告成，哪里肯就这样轻易放过他们，于是领兵一路追赶，就要到九连山的时候，探子回报盗匪已经占据了险要地段。

王阳明让部队就在林木深处扎营，迅速从中挑选精兵七百，取出在三浰缴获的盗匪服装，给精兵们换上，等到暮色苍茫的时候，装作战败逃亡的模样，在盗匪所占据的崖下间道，狂奔而过。盗匪误以为是同党，便在崖上向下招呼询问，官兵们装模作样地应答，盗匪们虽然将信将疑，却也不敢贸然攻击。官兵涉险通过之后，随即转到山上，截断了盗匪的后路。当夜，王阳明料定精兵已经深入敌后并完成了战术安排，必定能够取得优势，就命令各哨官兵，在四路埋伏。

第二天，盗匪探明已经误放官兵进入并占据了要隘，急着合力攻打，但是形势已经发生逆转，此时的官兵反客为主，从山上往下攻击，盗匪们根本抵挡不住。接着又见四路伏兵合围而来，吓得盗匪们惊惶乱窜。但是去路已经被截断，哪里能够逃脱，当下被官兵斩获无数。盗匪余党张仲全等二百余人，聚集在九连山谷中，呼叫哀号，表示愿意投降。王阳明派知府邢珣带人前去验证查实，根据具体情况责罚处置。

战后休整，王阳明连夜飞书告捷，并上奏请求设立和平县治，留兵防守。

勤治施教

剿匪期间,见已是稳操胜券,王阳明于三月上疏请求致仕,朝廷依然没有批准。平定大帽山、三浰之后,四月,王阳明班师回赣。为患几十年的盗匪之害从此平息,王阳明心中的阴云散尽,诗兴大发,作《回军九连山道中短述》:"百里妖氛一战清,万峰雷雨洗回兵。未能干羽苗顽格,深愧壶浆父老迎。莫倚谋攻为上策,还须内治是先声。功微不愿封侯赏,但乞蠲输绝横征。"盗匪横行,究其原因,"还须内治",我的战功不算什么,只是希望能让百姓安居乐业,朝廷不再横征暴敛,这就是王阳明的心声。

赣州的民风鄙陋粗野,又常年和盗匪来往相通,对此王阳明深为担忧。所以平定盗匪之后的第一件大事,王阳明认为是改善社会文化。而文化的增进,就靠兴办学校开展教育,其中教师是非常关键的存在。

明朝的小学叫"社学",王阳明随即告示各县父老子弟,兴

立"社学",延师教练,并规定"教条"颁行各处,又撰写《训蒙大意示教读刘伯颂等》道:

"古之教者,教以人伦。后世记诵辞章之习起,而先王之教亡。今教童子,惟当以孝、弟、忠、信、礼、义、廉、耻为专务。其栽培涵养之方,则宜诱之歌诗以发其志意,导之习礼以肃其威仪,讽之读书以开其知觉。今人往往以歌诗、习礼为不切时务,此皆末俗庸鄙之见,乌足以知古人立教之意哉!

"大抵童子之情,乐嬉游而惮拘检,如草木之始萌芽,舒畅之则条达,摧挠之则衰痿。今教童子,必使其趋向鼓舞,中心喜悦,则其进自不能已。譬之时雨春风,沾被卉木,莫不萌动发越,自然日长月化;若冰霜剥落,则生意萧索,日就枯槁矣。故凡诱之歌诗者,非但发其志意而已,亦所以泄其跳号呼啸于咏歌,宣其幽抑结滞于音节也;导之习礼者,非但肃其威仪而已,亦所以周旋揖让而动荡其血脉,拜起屈伸而固束其筋骸也;讽之读书者,非但开其知觉而已,亦所以沉潜反复而存其心,抑扬讽诵以宣其志也。凡此皆所以顺导其志意,调理其性情,潜消其鄙吝,默化其粗顽,日使之渐于礼义而不苦其难,入于中和而不知其故。是盖先王立教之微意也。

"若近世之训蒙稚者,日惟督以句读课仿,责其检束,而不知导之以礼;求其聪明,而不知养之以善;鞭挞绳缚,若待拘囚。彼视学舍如囹狱而不肯入,视师长如寇仇而不欲见,窥避掩覆以遂其嬉游,设诈饰诡以肆其顽鄙,偷薄庸劣,日趋下流。是盖驱之于恶而求其为善也,何可得乎?

"凡吾所以教，其意实在于此。恐时俗不察，视以为迂，且吾亦将去，故特叮咛以告。尔诸教读，其务体吾意，永以为训；毋辄因时俗之言，改废其绳墨，庶成"蒙以养正"之功矣。念之念之！"

王阳明认为，古代教育，重点在学生的人伦道德方面。只是后来形成了死记硬背的风气，先代圣王的教育理念就因此被损害。当时的儿童启蒙，应该把孝悌、忠信、礼义、廉耻作为重点来宣讲。至于具体的操作方法，就是用诗歌来激发他们的志向和情趣，然后引导他们学习礼仪，劝导他们学习文化。王阳明指出，时人认为诗歌、礼仪已经不合时宜，这种观点非常浅薄，是他们根本不了解古人立教的本意。

王阳明继而分析，儿童天性贪玩而害怕管束，只有让他们舒适地学习，才能畅快地成长，过度的管束必定会适得其反。因此王阳明认为，对孩子的教育一定要顺着他们的兴趣，用鼓励的方法不断激发他们对学习的喜爱，只有这样才能让他们不断进步。严格苛刻的教育方式，如同冰霜袭来，花儿就会慢慢枯萎凋谢。吟唱诗歌，不只是激发孩子们的志向和情趣，也是要消耗他们贪图玩耍的精力，毕竟音律能够宣泄心中的郁闷和不开心。学习礼仪，也是借助这些动作来活动身体和血脉，有强身健体的作用。而学习文化，一来可以开发思维和智慧，而且还能够涵养他们的本心。所以教育孩子要顺应他们的天性，正确引导他们的志向，慢慢来调理他们的性情，逐步改变他们贪玩的秉性，不知不觉中走向事理通达心气和平，这才是先代圣王立教的真谛。

王阳明接着指出,当时的儿童教育,每天只知道照本宣科讲解句读、文意,然后死记硬背,用严格的方式迫使孩子们自我约束,却不能用各种适合儿童的方式来引导,除了要求好好读书,剩下的就是这不能做,那不能跨越,如同要求犯人一样。如此高压之下,孩子们不愿意上学,看到老师就感到害怕,到了学校就想尽办法逃课,为了玩耍不惜撒谎造假,等等。在这种情况下,要求他们学习、进步,无异于痴人说梦。

最后,王阳明总结说,自己的教育理念和方法,就是吟唱诗歌、练习礼仪、学习文化。担心大家不能理解,所以才特别反复叮咛。王阳明希望教师们能够体察自己的用意,并且能长久遵守,不要因世俗言论而放弃、荒废了这些规矩,还是尽量成就"从童年开始就施行正确的教育"吧。

王阳明不只在道理上详加阐述,而且就如何"行"的方面,在他的《教约》中也作了具体的说明:

王阳明要求每天早上,在学生向老师行礼之后,教师按次序讲课之前,要向全体学生提问:"在家所以爱亲敬长之心,得无懈忽,未能真切否?温凊定省之仪,得无亏缺,未能实践否?往来街衢,步趋礼节,得无放荡,未能谨饰否?一应言行心术,得无欺妄非僻,未能忠信笃敬否?"王阳明要求学生如实认真地回答所有问题,做到有则改之无则加勉,不能没做到就有意逃避问题,也不能做到了就放松要求自己。同时还要求教师因材施教,不能把几十个学生当作一个人来对待。

关于唱诗，王阳明要求，神态一定要庄重，气息要平稳，声音要洪亮清晰，节拍和声调要注意控制。吟唱的时候不能浮躁急切，也不能随意喧哗，要大胆放声吟唱出来，时间一长就会精神舒畅，心气平和。

说到学习礼仪，王阳明要求专心致志，反复练习礼仪动作，仪容和举止都不能随心所欲。不但精气神要保持，而且动作不宜幅度过大，举止优雅而不能缩手缩脚，恪守礼法贵在自然得体而不能因为过分拘谨导致忸怩作态。

讲授课文时，王阳明提醒教师不能为了赶进度而填鸭子，关键要看学生是否掌握了每个知识点。要因材施教，进行不饱和教育，好比吃饭，半饱容易消化，太饱了就会吃撑，而且有富裕的精力，孩子们才不会厌学，反而能感受到学习的乐趣。文化课固然重要，但学生的品德才是最关键的，学习文化之余，要坚持学习礼仪、吟唱诗歌。

对于学生，王阳明还特意撰写《勤学》一篇，劝诫学子：

"已立志为君子，自当从事于学，凡学之不勤，必其志之尚未笃也。从吾游者，不以聪慧警捷为高，而以勤确谦抑为上。

"诸生试观侪辈之中，苟有虚而为盈，无而为有，讳己之不能，忌人之有善，自矜自是，大言欺人者，使其人资禀虽甚超迈，侪辈之中，有弗疾恶之者乎？有弗鄙贱之者乎？彼固将以欺人，人果遂为所欺，有弗窃笑之者乎？苟有谦默自持，无能自处，笃志力行，勤学好问，称人之善，而咎己之失，从人之长，而明己之短，忠信乐易，表里一致者，使其人资禀虽甚鲁钝，侪辈之中，有弗称慕之者乎？彼固以无能自处，而不求上人，人果遂以彼为无能，有弗敬尚之者乎？

"诸生观此，亦可以知所从事于学矣。"

王阳明的意思，既然想要做君子，就要专心在学问上，所有不能勤奋学习的人，必定是意志不够坚定所致。所以王阳明认为真正求学的人，不是靠聪明才智，而是靠勤奋踏实、谦逊低调。因此，王阳明希望学生们能够将努力表现在行动上，坚持勤学好问，学习别人的长处，改正自己的短处。在求学的路上做表里如一的人。

《训蒙大意示教读刘伯颂等》《教约》《勤学》，三篇连在一起，如果详细地演示出来，可以成就一部"阳明教育"的专书。这里涉及的"儿童心理学"和"教学科目"，都是从他"致良知"里面演化出来的。

阳明一面兴立"社学"，一面实行"乡约"制度，加强对南赣的管理。所谓乡约，是指在乡里中订立的共同遵守的规约，而明朝时也指乡中小吏，由县官任命，负责传达政令，调解纠纷，也就是奉官命在乡里中管事的人。其中的约，也相当于以前的里。为此，王阳明制定了《南赣乡约》，共十六条规定，奖罚分明。需要说明的是，《南赣乡约》源自陕西蓝田《吕氏乡约》，并不是王阳明独创，但《南赣乡约》融入了部分王阳明的思想。

乡约中有两条，放到现在仍然具有积极意义："男女长成，各宜及时嫁娶；往往女家责聘礼不充，男家责嫁妆不丰，遂致愆期；约长等其各省谕诸人，自今其称家之有无，随时婚嫁。""父母丧葬，衣衾棺椁，但尽诚孝，称家有无而行；此外或大作佛事，或盛设宴乐，倾家费财，俱于死者无益；约长等其各省谕约内之人，一遵礼制；有仍蹈前非者，即与纠恶簿内书以不孝。"

制度既立，王阳明要求各约的约长经常劝谕民众，时刻去巡查乡里。在街市行走，遇着有人双手相交或者肃立在路边，表示自己的恭敬，就要立刻对他们进行赞赏并对其他人进行教诲诱导。经过这一番倡导和推行，赣州市民在街市上往来，基本上能保持衣冠整齐，仪态合适，而且大街小巷到乡村里弄，到处都能听到吟唱诗歌和读书的声音。从前粗鄙的风气，从此大为改变。

五月，朝廷批复，正式设置广东和平县。这标志着历经一年又三个月，危害四省多年的流民暴乱被王阳明所平定。

六月，朝廷嘉奖，王阳明升任都察院右副都御史，荫子锦衣卫，世袭百户。此时的王阳明却生了一场大病，好在在夫人诸氏的照顾下，病情慢慢好转。起床后的第一件事就是坐到书桌旁，奋笔疾书——王阳明还是想着辞官归乡。于是，他连夜写就《辞免升荫乞以原职致仕疏》（十三年六月十八日）：

"……臣闻命惊惶，莫知攸措；感极而惧，若坠冰渊。切念臣以章句腐儒，过蒙朝廷涤瑕掩垢，收录于摈弃之余；既又求长于短，拔之闲散之中，授以巡抚之寄。其时，臣以抱病在告，两疏乞休；偶值前官有托疾避难之嫌，该部论奏之义甚严，朝廷督责之旨又切，遂不遑他计，狼狈就途。莅事之后，兵耗财匮，盗炽民穷；缩手四顾，莫措一筹。……况臣驱逐之余，疾病交作，手足麻痹，渐成废人。前在贼巢，已尝具本请罪，告病乞休；日夜伏候允报，庶几生还畎亩。乃今求退而获进，请咎而蒙赏，虽臣贪冒垂涎，忍耻苟得，其如朝廷赏功之典何！伏望皇上推原功之所始，无使赏有滥及，收回成命。臣苟有微劳，不加罪戮，容令仍以原职致仕，延余喘于田野。如此，则上无滥恩，下无奸赏，宣力受任者，得免于覆悚之诛，量能度分者，获遂其知止之愿。臣无任感恩惧罪，恳切祈望之至！"言辞恳切，有如鸿雁哀鸣。

病情好转，王阳明又开始关心地方治理了。《再议崇义县治疏》《再议平和县治疏》先后上奏到朝廷。

而随着社学的兴起，南赣习文、效礼的风气越来越好，引得外地学子纷纷奔向赣州。进士梁日孚携带家眷赴京路过赣州，特意来拜王阳明为师。被王阳明拒绝后，梁日孚还是不改初衷，第二天、第三天，依然坚持来见王阳明。王阳明当时因军务在身，只好劝他先去北京。然而等到剿匪凯旋，梁日孚竟然在赣州已经等了两个多月。他让家人先行回到故乡，独自一人在此静心等候。欧阳德、邹守益、何廷仁等人，先后进士及第，也都在南赣拜入王阳明门下。

求学的人越来越多，自己的衙门已经容纳不下，王阳明决定开办濂溪书院，这是借用宋代理学大儒周敦颐的号来命名的。王阳明的心学与程朱理学虽然同属儒学，但是区别很大，最根本的差异是对《大学》的诠释。

《大学》论述的是修身、齐家、治国、平天下的儒家思想，朱熹曾说："所谓致知在格物者，言欲致吾之知，在即物而穷其理也。……是以《大学》始教，必使学者即凡天下之物，莫不因其已知之理而益穷之，以求至乎其极。至于用力之久，而一旦豁然贯通焉，则众物之表里精粗无不到，而吾心之全体大用无不明矣。此谓物格。此谓知之至也。"

但王阳明并不认同朱熹的观点，于是就把《大学》古本刻了出来。他要用自己长期实践后经过独立思考所领悟到的观点来给弟子们讲解，用心学来诠释先代圣贤的经典。王阳明提出自己对"格物"的新解，也就是他在《大学问》里所说："然欲致其良知，亦岂影响恍惚而悬空无实之谓乎？是必实有其事矣。故致知必在于格物。物者，事也，凡意之所发必有其事，意所在之事谓之物。格者，正也，正其不正以归于正之谓也。正其不正者，去恶之谓也。归于正者，为善之谓也。夫是之谓格。"

接着，王阳明又刻了一本《朱子晚年定论》。这是王阳明重要哲学著作之一，集中体现了王阳明心学的主要思想。王阳明认为朱熹在他的哲学理念中已经有心学元素存在，于是依据自己的心学思想重新对朱熹的哲学论著作了新的阐发。王阳明认为朱熹和陆九渊的思想有相通之处，即"朱陆早异晚同"一说。

王阳明在书的序言中说：重新翻读朱熹的著作，经过仔细的探求，终于知道朱熹到了晚年其实已经明白自己以前的学说存在讹误，而且非常后悔和痛苦，以至于认为自己犯下了自欺欺人的罪过，没有办法可以弥补。流传的《朱子集注》《大学或问》等著作，是朱熹中年思想还没有成熟定型时的学说。而《朱子语录》是他门下弟子争强好胜，为了表达自己见解而牵强附会的产物，与朱熹平常的说法多有矛盾的地方。王阳明又说，幸好自己的学说和朱熹的思想并不冲突，而朱熹在之前就领悟到了和自己相同的思想，因此感到高兴，可惜的是，后来的学者只是坚守朱熹中年思想尚未定型的学说不放，并不去探求朱熹晚年省悟后的思想。王阳明希望门人们能够理解、接受自己的观点。王阳明的这些观点，在他去世后，反对的人也很多，只是王阳明也和朱熹一样，无法进行辩论和反思了。

八月，浙江家乡传来噩耗：五月十七日，徐爱因患痢疾突然去世，场面十分凄惨。因山路迢迢，家中的消息迟迟才送到。这尤有如一道晴天霹雳，让王阳明大呼："人世间还有什么值得留恋的？我不如归隐田园。"悲痛到差点倒下。

徐爱既是王阳明的爱徒，又是他的妹夫，双重关系亲上加亲。两人自京城同赴南京并返回故里到一起同游，分别将近两年。其间徐爱曾来信说：在家乡附近雪溪之畔买好田地，等待王阳明归来，在山水之间构建房屋，相伴谈经论道。为此，王阳明写了《闻曰仁买田雪上携同志待予归二首》，其一："见说相携雪上耕，连蓑应已出乌程。荒畲初垦功须倍，秋熟虽微税亦轻。雨后湖舠兼学钓，饷余堤树合闲行。山人久有归农兴，犹向千峰夜度兵。"其二:"月色高林坐夜沉,此时何限故园心。山中古洞阴萝合,江上孤舟春水深。百战自知非旧学,三驱犹愧失前禽。归期久负云门伴,独向幽溪雪后寻。"

当年,徐爱曾与王阳明说起他的梦境:在山间遇到一个和尚,和尚预言他"与颜回同德,亦与颜回同寿"。王阳明当时并未介意,说做梦的事,不必当真。现在,徐爱果然三十一岁就去世了。王阳明强撑着身体,把自己的悲伤之情,倾注在《祭徐曰仁文》(丁丑):

"呜呼痛哉!曰仁,吾复何言!尔言在吾耳,尔貌在吾目,尔志在吾心,吾终可奈何哉!记尔在湘中,还,尝语予以寿不能长久,予诘其故。云:'尝游衡山,梦一老瞿昙抚曰仁背,谓曰:子与颜子同德。俄而曰:亦与颜子同寿。觉而疑之。'予曰:'梦耳。子疑之,过也。'曰仁曰:'此亦可奈何?但今得告疾早归林下,冀从事于先生之教,朝有所闻,夕死可矣!'……

"曰仁尝语予:'道之不明,几百年矣。今幸有所见,而又卒无所成,不亦尤可痛乎?愿先生早归阳明之麓,与二三子讲明斯道,以诚身淑后。'予曰:'吾志也。'自转官南赣,即欲过家,坚卧不出。曰仁曰:'未可。纷纷之议方驰,先生且一行!爱与二三子姑为馈粥计,先生了事而归。'……呜呼痛哉!朋友之中,能复有知予之深、信予之笃如曰仁者乎?夫道之不明也,由于不知不信。使吾道而非邪,则已矣;吾道而是邪,吾能无蕲于人之不予知予信乎?

"自得曰仁讣,盖哽咽而不能食者两日。人皆劝予食。呜呼！吾有无穷之志，恐一旦遂死不克就，将以托之曰仁，而曰仁今则已矣。曰仁之志，吾知之，幸未即死，又忍使其无成乎？于是复强食。呜呼痛哉！吾今无复有意于人世矣。……呜呼痛哉，予复何言！"

在悼文中，王阳明感叹：我的讲学还有谁来听呢？我的倡导还有谁来响应呢？我所领悟的道理，还有谁来问呢？我心中存在的疑问，还有谁来和我一起探讨呢？我剩下的日子是不可能有快乐了。我也不可能再有什么进步了，但徐爱的进步那是不可限量的啊。上天要毁就来毁灭我吧，为什么要毁灭我的徐爱呢？朋友之中，再也没有能够像徐爱这样了解、相信我的人了。王阳明曾经对徐爱是寄托了厚望的：我有远大的志向，如果我突然死去而不能完成，是要托付给徐爱的。可徐爱走了，他的愿望我知道，如果有幸还能活着，我们的理想怎么可能不实现呢？

徐爱临死前，想把王阳明的讲学语录、往来书信收集起来，编辑成一本书刊印，取名为《传习录》。然而，徐爱只是起了个头，便离开了人世。王阳明的学生陆澄、薛侃接手继续编辑《传习录》。到八月底，薛侃终于刻成《传习录》二卷，分别为徐爱、陆澄所录。几年之后，王阳明的另一位弟子钱德洪又编成一卷，汇集了陈九川、黄直、黄修易、黄省曾、黄以方等众多弟子的收录，至此完整的《传习录》收录刊印完成。

《传习录》是王阳明的代表作，也是后人研究阳明心学的主要文献资料。"传习"二字出自《论语·学而》："曾子曰：吾日三省吾身，为人谋而不忠乎？与朋友交而不信乎？传不习乎？"传习的意思是，老师传授的知识，要经常复习。

九月，王阳明修缮濂溪书院，四方学者云集于此，学习研讨。

十月初二日，京城传来圣旨："王守仁帅师讨贼，贤劳懋著，偶有微疾，著善调理，以副委任。所辞不允。该部知道。钦此。"

十一月，王阳明上《再请疏通盐法疏》。

十二月二十九日，京城又传来圣旨："王守仁才望素著，累次剿贼成功，升官荫子，宜勉遵成命，不准休致。该部知道。钦此。"圣旨先到吏部，然后由吏部敕告王阳明。

正德十四年（1519年）正月十四日，归心似箭的王阳明想到屡次请辞都没有批准，于是又上《乞放归田里疏》（十四年正月十四日）："……庙堂之上，不暇深察其所以，增其禄秩，将遂举而委之。人苦不自知耳。臣之自量，则既审且熟，深惧戮亡之无日也。譬之懦夫，驾破败之舟以涉险，偶遇顺风安流，幸而获济。舟中之人既已狼狈失措，而岸傍观者尚未之知，以为是或有能焉，且将使之积重载，冲冒风涛而试洪河大江之中，几何其不沦溺也已！……伏愿陛下念四省关系之大，不可委于匪人；察病废枯朽之才，不宜付以重任。怜桑榆之短景，而使得少遂其乌鸟之私；录犬马之微劳，而使得苟延其蝼蚁之息。别选贤能，委以兹任。放臣暂归田里，就医调治。倘存余喘，尚有报国之日。臣不胜感恩待罪恳切哀望之至！"

祖母岑太夫人、父亲王华都年事已高，王阳明急着想和他们见上一面，然而朝廷并不理解。兵部尚书王琼更多考虑的是社稷的安危。他曾经对部下说："王阳明在江西，有便宜行事的旗牌，是为了应对可能发生的其他事变。"

戡乱宁王

王琼将王阳明安置在江西,其实是要暗中防范江西宁王朱宸濠。辞官归田而不能够,王阳明要给王琼写信,虽然他知道王琼看重和信任自己。在《上晋溪司马》(戊寅)中,王阳明分析了当时闽南的局势,最后写道:"百姓疾畏如虎狼。稍不如意,呼呶群聚而起,焚掠居民,绑笞官吏;气焰所加,帖然惟其所欲而后已。今其势既盈,如将溃之堤,岌乎汹汹,匪朝伊夕。虽有智者,难善其后,固非迂劣如守仁者所能办此也。又况积弱之躯,百病侵剥,近日复闻祖母病危,日夜痛苦,方寸已乱,岂复堪任!临期败事,罪戮益重,辄敢先以情诉,伏望曲加矜悯,改授能者,使生得全首领,归延残息于田野,非生一人之幸,实一省数百万生灵之幸也!情愿辞隘,忘其突冒,死罪死罪!"

话都说到这份上了,王琼还是不肯松口,回信让王阳明继续留在赣南。正好福州三卫(建州、海西、野人三卫)军人进贵等率众反叛,王琼上奏武宗获得批准之后,飞书命令王阳明征讨福建叛军。六月九日动身,十五日中午,王阳明一行到丰城县,知县顾佖便来禀报说:"宁王宸濠,昨日胁迫众人反叛,而且还要派兵前来追劫。"

朱宸濠,号畏天,安徽凤阳人,明太祖朱元璋五世孙,宁献王朱权玄孙,初封上高王,因宁康王朱觐钧没有嫡子,于弘治十年(1497年)过继后袭封第四任宁王。朱权,朱元璋第十七子,先封在内蒙古大宁,所以称为宁王。长期被冷落在边陲,朱权内心很不满。靖难之役,朱棣从侄子朱允炆手中夺得皇位,借助了朱权的力量,却不肯履行当时平分江山的约定,只是安排朱权到南昌,宁王一脉就在江西世代相袭。

朱宸濠喜欢交结江湖术士。术士李自然就是看准了这一点,才投其所好,曾说南昌城东有天子气。作为皇叔,朱宸濠对沉迷酒色的武宗也非常看不惯,而且武宗无子,将来谁继承帝位都不可预知。但朱宸濠也清楚,没有足够的实力,是不能轻举妄动的,毕竟宁夏安化王朱寘鐇被活活烤死的事如在昨天,让人记忆犹新。有前车之鉴,朱宸濠就要笼络人心,建立自己的势力范围。

于是,朱宸濠买通太监刘瑾,恢复此前已经被裁撤的护卫,畜养了不少亡命之徒。又接连招纳李士实、刘养正、王纶等人进府,尤为甚者,放纵盗贼闵念四、凌十一等招兵买马,四处抢劫掠夺。可是没多久,刘瑾就被杨一清联合张永给扳倒了,王府的护卫权又收了回去。朱宸濠再次买通佞臣钱宁、伶人臧贤等,接着勾结吏部尚书陆完,就连内阁首辅杨廷和也被他贿赂。正德九年(1514年)四月,朱宸濠获准重新恢复护卫,为反叛朝廷迈开了坚实的一步。羽翼渐丰之后，朱宸濠还嫌弃李士实、刘养正名声太小，想招纳唐伯虎和王阳明。

唐伯虎自会试事件之后，于仕途上已经心灰意懒，只知道醉生梦死，和胭脂花粉们游荡在风月之中，颇以"风流倜傥"自居。宁王派人请他前往，竟然二话没说，就去了南昌。好在进了王府，唐伯虎感觉到了不对。说好只是当伴读，教王妃琴棋书画，怎么王府内还经常有人在谈论兵马？唐伯虎虽然没了人生斗志，但并不影响他是个聪明人，意识到自己所处之地存在很高的风险后连忙装痴、装呆，到最后装疯。终于让朱宸濠看不顺眼，安排人送他回了老家！唐伯虎就这样逃出了虎口。

要是能让王阳明投到自己麾下，就不用担心举事不成功。听了李士实、刘养正的分析，朱宸濠深表赞同，马上安排刘养正前去拜访王阳明。王阳明本来就认识刘养正，何况还是宁王府来人，在礼数上王阳明处理得十分周全，只是两条道上的人，说话就格外谨慎。

刘养正以宁王想听王阳明讲课试探，见王阳明似乎有意避开话题，刘养正才慢慢进入主题，说："皇上沉迷于享乐，基本上不理国家大事，这样发展下去，该怎么办才是啊？"不等王阳明开口说话，刘养正接着又说："难道世上没有商汤、周武王吗？"王阳明知道这时候自己必须给出态度了，他平静地说："商汤、周武王再世，也得有伊尹、姜子牙来辅助。"刘养正暗示说："有了商汤、周武王，就会有伊尹、姜子牙的！"王阳明轻描淡写地说:"有了伊尹、姜子牙,还怕没有伯夷、叔齐吗?"就在这样你来我往的言辞锋芒之中,双方都在试探对方的真实想法。最后王阳明以公务繁忙为由,推荐安排弟子冀元亨去给朱宸濠讲学。

冀元亨随刘养正来到南昌,与宁王大谈儒学,让朱宸濠啼笑皆非。只好提前让冀元亨回去。人放走之后,朱宸濠又担心冀元亨会暴露自己的大事,立即派人追捕。好在冀元亨已经回到王阳明的身边,并报告宁王反心昭然若揭的种种迹象。王阳明连忙安排冀元亨到绍兴避难,顺便教儿子正宪读书。

王阳明心中清楚,朱宸濠的反叛就在眼前。由此想到之前王哲巡抚江西,就是因为不肯依附宁王,所以"哲自濠所宴饮归,以病暴卒"。江西副使胡世宁上疏弹劾朱宸濠,因此被诬"为妖言",逮捕入狱。户部尚书费宏,因为上奏请求恢复护卫屯田的事,被宁王怀恨在心,抓住时机就大肆报复。此时,王阳明不禁担心起同乡孙燧来。

孙燧,字德成,余姚人,弘治六年(1493年)进士。正德十年(1515年)十月巡抚江西。正德十三年(1518年),前后七次上疏论证宁王朱宸濠必将谋反,只是奏章被陆完压下,没有引起朝廷的重视。朱宸濠得知,设宴想毒害孙燧,只是没有成功。直到正德十四年(1519年)六月,朱宸濠谣言武宗抱自民间,孙燧出言维护,稍后被害于惠民门外。

朱宸濠的行为,也引起了娄妃的担忧。娄妃,原名娄素珍,江西广信府(今江西上饶信州)人,祖父是著名理学家娄谅,也就是王阳明的恩师。娄素珍十六岁选入宁王府。她的容貌自不必说，才学也是众人中的佼佼者，更难得的是她深明大义。民间流传，娄妃关心民间疾苦，每年清明都要在东湖搭台，亲自领着大家唱农歌，勉励农夫辛勤耕耘。

朱宸濠想造反，娄妃也是多次劝阻，曾写《题夫妇采樵图》："妇语夫兮夫转听，采樵须知担头轻。昨宵雨过苍苔滑，莫向苍苔险处行！"可朱宸濠根本听不进去，反而将娄妃软禁在"梳妆楼"（又名"观音亭"）。

朱宸濠的动作之大，到了毫不忌讳为所欲为的地步，谋反已经是司马昭之心路人皆知了。然而朝廷大臣多被宁王收买，不约而同地都视而不见，只有兵部尚书王琼，在时刻关注着宁王的举动。他不批准王阳明的请辞，就是为了日后应对宁王。

当年鄱阳大盗凌十一劫狱逃跑，就有人密报被朱宸濠蓄养成爪牙，王琼立即下令，要求限期捉拿。杨廷和也建议派几位高官代表武宗去告诫宁王，并剥夺他的护卫。可如此宽大的惩戒，朱宸濠却误解了皇帝派遣使者的目的，反而串通他人连上奏折，称自己的贤孝天下少有。

当看到江西执政官员送来称颂朱宸濠"贤孝"的奏章时，武宗非常惊奇地说："百官贤当升，宁王贤欲何为？且将置我何地耶？"意思就是百官贤孝就应当提拔，上奏说宁王贤孝这是要干什么？如此是要把我放在什么位置呢？言下之意，除了皇位，宁王已经没有其他上升空间了。太监张忠乘机进言，他的目的也是想打击武宗宠信的太监钱宁、伶官臧贤，说："（臧）贤称宁王孝,讥陛下不孝耳。称宁王勤,讥陛下不勤耳。"并告诉武宗,宁王府派来的坐探,就住在臧贤家里。这时,御史萧淮也上疏揭发朱宸濠的罪行说:"宁王不遵祖训,包藏祸心,招纳亡命,反形已具。"并指出:"不早制,将来之患有不可胜言者。"武宗感到事关重大,于是立即派驸马都尉崔元、都御史颜颐寿、太监赖义等携带圣旨前去江西宣谕,收回宁王的护卫,并责令宁王归还之前所夺的官田和民田。

武宗如此果断地做出决定,其实也是早有觉察的。伶官臧贤,深受武宗宠幸,朱宸濠知道这个情况后,特意安排秦荣北上,假借学习音乐的名义,贿赂白银万两、金丝宝壶一把。此后,朱宸濠的坐探林华等,基本上就是藏在臧贤家中。臧贤因此在家里打造复壁,橱门打开进去,便是一道长巷,暗通密室,便于林华躲藏和逃避。

一天,武宗游幸到臧贤家中,臧贤取出金丝宝壶斟酒。武宗见酒壶精巧可爱,便问是从哪里得来的,臧贤仗着皇上宠爱,并没有隐瞒。武宗随口说道:"宁叔为何不献给我呢?"宠妃刘美人(伶人出身,得武宗宠爱)随驾在侧,回宫之后,笑着对武宗说:"皇上倒是还想宁王的物件和事情,宁王能不想皇上的物件和事情就谢天谢地了!难道陛下不记得江西官员所荐的奏章么?"武宗听了,疑虑顿时大增,于是准了各位大臣的奏章,诏敕中写道:"萧淮所言,关系宗社大计,朕念亲亲,不忍加兵,特遣太监赖义、驸马都尉崔元、都御史颜颐寿往谕,革其护卫。"于是一面派人南下,一面查抄臧贤的家。林华得知消息,星夜策马南下，报告宁王。

　　武宗虽然昏庸，但还不至于把自己的江山拱手让人，比如诛杀刘瑾，又比如这次要取缔宁王的护卫。只是他的决定，势必会激起层层浪花，这是暴风雨来临的前夜序曲。王琼感觉到局势的危急，提前作出部署：命令王阳明前去平定福建三卫进贵谋反，并嘱咐可以"便宜行事，以待他变"。

　　宁王府起事的时间早已定下，也一直在按部就班筹备中。李士实、刘养正帮朱宸濠初步确定的是八月十五秋闱大试那天，目的是想趁大家的注意力都在考试上，突然起事给朝廷一个措手不及。

　　朱宸濠生日是六月十三日，按例庆贺宴请三天。生日前一天家人亲族们相聚一起暖寿，生日当天举行正式的寿礼，第三天是答谢宴。林华十三日下午赶到宁王府，正是朱宸濠生日宴开心热闹的时候，突然接到警报，宴会只得草草收场。

　　京城风云突变，朱宸濠召集心腹到内室商议，刘养正说："事情发展到现在，形势已经非常危急，明日各位官员要来参加答谢宴，就可以见机行事了。"当天晚上，宁王府集结兵马严阵以待。

　　第二天，各级官员前来参加答谢宴，在一曲接一曲帝王寿诞专用音乐声中，朱宸濠出现在露台上，先是大声向台下众人问道："你们懂得什么是大义吗？"众官员一愣，顿时安静下来。朱宸濠接着说："从前，孝宗皇帝被太监李广所误，抱养了民间的婴儿，使朱家孝宗一脉香火断绝，到现在已经十四年了。"看着台下众官员面面相觑，朱宸濠可管不了这么多，继续说道："现在太后暗传密旨给我，命令我起兵监国，共伸人伦大义，还我朱家正统。不知各位是否愿意跟随我呢？"

都御史孙燧冷笑几声，站起来大声反问："既然如此，请宁王出示太后密旨。"朱宸濠哪有太后密旨，只能推托说密旨不能随意示人，反过来又问孙燧是否愿意保驾进兵南京。孙燧回以"天无二日，国无二君"，不肯和朱宸濠同流合污。朱宸濠大怒，立即命令左右将孙燧拿下，拖到惠民门斩首。按察司副使许逵站出来制止说："孙都御史是朝廷命官，谁敢动他？"朱宸濠既然已经一门心思要反，哪听得进这些，随即命人将许逵也一起绑了，孙燧、许逵同时遇难。在场其他官员，顺从朱宸濠的，成为宁王的爪牙，得以苟全性命，没有顺从的，要么蹲大狱，要么被施以杖刑。

接着，朱宸濠自立为帝，改年号为顺德，并设立属官：刘吉、涂钦、万锐等为太监，致仕都御史李士实、举人刘养正为左右丞相，参政王纶为兵部尚书，闵念四等为都指挥，檄文传送各地，对外号称水师十万、战船千艘，一时声势浩大，人人闻之恐慌。

因此，这就有了前文提到的丰城知县顾佖急忙将江西的军情报告给王阳明的一幕。

王阳明前往福建平叛，出发时宁王还没有反叛，按理是应该先到南昌拜寿的。然而根据已经掌握的情况，宁王谋反是迟早的事,和孙燧分别时的判断和担忧,印证了王阳明不可能去拜寿,何况王琼的命令是去福建处理叛军。

现在,顾佖赶来报告朱宸濠已经反了,孙燧、许逵惨遭杀害。王阳明沉思良久:手下并无足够的兵马,仓促之间也来不及征调,眼下的局面怎么才能够勤王呢?最后,王阳明决定先回吉安,再从长计议。

天公却不作美,南风大起,船家也听说朱宸濠已经发兵赶来,哪还有胆子将船驶回,于是借口"逆流无风,不便航行"拒绝了王阳明。无奈之下,王阳明仰天长叹:"上天倘若怜悯世上的生灵,就请让南风转向,如果无意于这些生民,我王守仁也就没有活下去的想法了!"没过多久,风势竟然渐渐改变,可船家依旧不肯开船。王阳明大怒,抽出佩剑,把船家的耳朵割了下来,船夫们才赶紧回船进发。

朱宸濠原本以为王阳明是会去拜寿的,得知他因接受了朝廷的委任,前往福建平叛,便派出一支人马追赶。王阳明早已料到朱宸濠要断绝后顾之忧,不会轻易放过自己,于是和手下一人换了装束,让他乘坐大船,而自己则带着幕士萧庾、雷济一班人,悄悄叫了一条渔船,隐藏在船舱中,向吉安进发。

分手后,大船没有航行多久,朱宸濠的内官喻才领着追兵赶到,围住大船,捉住了假王阳明。喻才要将假扮王阳明的人处死,幸好有部下说"杀他有什么好处",才饶了他,继续追寻王阳明而去。

王阳明本来不用勤王，直接往福建平定叛乱就可以了。何况勤王也会留下擅自行动的把柄，在这复杂的朝廷，确实有点自找麻烦的感觉。而且，没有兵马，没有粮草，之所以让王阳明涉险而为，是因为他所秉承的"致良知"学说。

当晚，王阳明一行来到临江。知府戴德孺正不知如何是好，此时听说王阳明来了，真是喜出望外，立即请王阳明进城调度。王阳明认为："临江正好靠着大江，又和省城南昌相近，是个首当其冲的地方，不如吉安方便行事。"接着又把朱宸濠的进兵方略仔细地推演了一遍，准备了三条应对方案，和幕士商议着说："朱宸濠如果用上策，部队直接奔向北京，兵贵神速而出其不意，那么朝廷就很危险了；朱宸濠如果用中策，顺着长江的水流而下，向东攻打南京，大江两岸的地区都要被他祸害；朱宸濠如果用下策，仅仅是占据江西省城，那么勤王的事就很容易做到。"只有朱宸濠用下策，朝廷才有可能慢慢调动兵力，对宁王进行围歼。

王阳明考虑，在北京、南京尚未准备充足前，必须让朱宸濠的叛军滞留在江西一个月或至少半个月，自己才能有足够的时间集结兵力牵制，等待两京的援兵赶到，然后形成夹攻之势，到那时事情就好办了。但是，朱宸濠会听从安排么？

所幸，王琼曾授予王阳明便宜行事的特权。在戴德孺的书房里，王阳明和幕士们连夜草就了一大堆文书，文书上假装说是奉朝廷密旨，还备有兵部题咨，调动附近州府以及南北两京的人马，各位将领已经统兵出发，暗中埋伏在各要害地方，等宁王的叛军一来，就开始围攻剿杀。

王阳明找来几位伶人，给了他们很多安家银两，然后将文书分别缝在他们所穿的夹衣中，让他们赶到文书中所说的伏兵处，迅速暗中传播文书中的内容。伶人尚未出发，忽有衙役来报，说捉到李士实的家属，王阳明随即命令将人提上来，当着他们的面做作一番，让他们清楚地看到自己安排伶人去办的那些事。等伶人走后，王阳明假装发怒，命令将李士实的家属拉出去斩首，却又暗中交代士卒将他们偷偷放走。

李士实的家属，逃到宁王府后，把在船上所看见的，详细地报告了上去。朱宸濠立刻派人捉拿伶人，果然从夹衣中搜到了文书，顿时不敢轻举妄动了。紧接着朱宸濠又搜到不少文书，有说许泰、郤永分领边军四万，从凤阳一路进发的；有说刘晖、桂勇分领京边官军四万，从徐淮水陆并行进军的；有说王守仁领兵二万、杨旦等领兵八万、陈金等领兵六万，分道行动的，他们会在约好的时间夹攻南昌。朱宸濠又搜到李士实、刘养正愿意给官兵做内应的书信，还有闵念四、凌十一投降官军的密状。这些信件明显就是假的，但不怕一万，只怕万一，生性多疑的朱宸濠还是被吓到了，留下大量部队在省城，为防止意外，只得先求自保。

王阳明得知朱宸濠中计，暗自欢喜，连忙又赶到吉安。吉安当时叫庐陵，是王阳明当知县的地方。现任知县伍文定，字时泰，松滋人，弘治十二年（1499年）进士，后来官至兵部尚书。

伍文定虽为文官，但也略微懂得些武艺，此前就跟随王阳明转战赣南，王阳明称他是"果捷能断，忠勇有谋"之人。

王阳明的到来，让伍文定高兴得不得了，带着军民夹道欢迎。王阳明等进城，略加抚慰后，便撰写上疏报告宁王兵变。

王阳明正为宁王反叛的事忙得焦头烂额的时候，家中传来祖母岑太夫人病逝的消息。忠孝难全，王阳明流着眼泪写了两道疏。一道是《再报谋反疏》（十四年六月二十一日）："节该钦奉敕福州三卫云云，缘系飞报地方谋反重情事理，为此具本，先于本月十九日专差舍人来仪奏报外；但叛党方盛，恐中途为所拦截，合再具本专差舍人任光亲赍，谨题请旨。"

此时，王阳明尚未接到朝廷平叛的任命，而急着回绍兴祭奠祖母，于是又写了一道《乞便道省葬疏》（十四年六月二十一日）：

"臣以父老祖丧，屡疏乞休，未蒙怜准。近者奉命扶疾赴闽，意图了事，即从此地冒罪逃归。旬日之前，亦已具奏。不意行至中途，遭值宁府反叛。此系国家大变，臣子之义不容舍之而去。又阖省抚巡方面等官，无一人见在者。天下事机间不容发，故复忍死暂留于此，为牵制攻讨之图。俟命师之至，即从初心，死无所避。

"臣思祖母自幼鞠育之恩，不及一面为诀，每一号恸，割裂昏殒，日加尪瘠，仅存残喘。母丧权厝祖墓之侧，今葬祖母，亦欲因此改葬。臣父衰老日甚，近因祖丧，哭泣过节，见亦病卧苫庐。臣今扶病，驱驰兵革，往来于广信、南昌之间。广信去家不数日，欲从其地不时乘间抵家一哭，略为经画葬事，一省父病。

"臣区区报国血诚上通于天，不辞灭宗之祸，不避形迹之嫌，冒非其任以勤国难，亦望朝廷鉴臣之心，不以法例绳缚，使臣得少伸乌鸟之痛。臣之感恩，死且图报。抢攘哀控，不知所云。

"缘系恳乞天恩便道省葬事理，为此具本奏闻。"

没过几天，兵部的回复也来了："著督兵讨贼，所奏省亲事，待贼平之日来说。"

七月初一，伍文定手下抓获宁王派遣前去丰城、吉安、赣州等地张贴伪榜、传布檄文的赵承芳和季斅。赵承芳是南昌府学教授，季斅是赴广西任职路过省城南昌，正好碰上朱宸濠举行寿宴，受命前去庆贺。朱宸濠起事，两人都是因为妻子儿女被囚禁，无可奈何上了贼船。王阳明审理清楚后，将他们暂押大牢，等候发落。

决战鄱阳

朱宸濠从六月中旬开始反叛,被王阳明一番操作闹得疑神疑鬼,观望之中不敢出兵。直到七月初,没听到北方有官军南下的消息,南昌城也没有任何异常,李士实、刘养正是内奸的说法纯属子虚乌有,朱宸濠才恍然大悟,确定是中了王阳明的疑兵之计和反间计。只是醒悟的时候,才发现已经错过最佳时间半个多月了,朱宸濠连忙命令宗支朱拱樤、内官万锐等镇守南昌。自己则亲自领兵六万,以及朱拱栟、李士实、刘养正、刘吉、王纶、葛江等人,从鄱阳湖而下。一路上宁王军队连连告捷,先后攻克南康、九江,兵临安庆城下。

此时的王阳明也没有闲着,一直在督促各路义军集结。到初五日,又上《奏闻宸濠伪造檄榜疏》(十四年七月初五日),其中有这么一段话:"臣闻多难兴邦,殷忧启圣。陛下在位一十四年,屡经变难,民心骚动。尚尔巡游不已,致宗室谋动干戈,冀窃大宝。且今天下之觊觎,岂特一宁王;天下之奸雄,岂特在宗室。言念及此,懔骨寒心。昔汉武帝有轮台之悔,而天下向治;唐德宗下奉天之诏,而士民感泣。伏望皇上痛自刻责,易辙改弦,罢出奸谀以回天下豪杰之心,绝迹巡游以杜天下奸雄之望,定立国本,励精求治,则太平尚有可图,群臣不胜幸甚。"慷慨陈词,既见赤胆忠心,又有悲愤莫名。

但是,安庆却并不好攻打。

安庆知府张文锦,字阍夫,山东承宣布政使司青州府安丘(今山东潍坊)人,弘治十二年(1499年)进士,正德时被刘瑾陷害入狱,削籍为民。张文锦颇有骨气,与守备都指挥杨锐、指挥使崔文,决心死守城池,为了激怒宁王的军队,还命令将士每天在城楼上诟骂朱宸濠。

宁王军队以凌十一、闵念四两位盗首为先锋,有了南康、九江的胜绩,此时更是骄气凌人,并不把张文锦等人放在眼中,又哪里能够承受这番诟骂,于是开始不计成本地强行攻城。在安庆守军强大的火炮、弓箭抵抗下,宁王军队伤亡惨重,城池久攻不下。

安庆都攻不下来,又怎么能够攻下南京呢?朱宸濠勃然大怒。此时刘养正带来叛降官员潘鹏,献上一条计策:杨锐是安庆人,潘鹏是他的同乡,还沾亲带故,可以前去劝降。朱宸濠点头同意。潘鹏进城,天真地以为凭借之前的关系,有较大把握劝降杨锐。没想到杨锐不但不念同乡的旧日情谊,反而把潘鹏直接给杀了,并且碎尸万段,将尸骨从城头上丢下示众。

张文锦得知情况后,命令士卒将城中潘鹏的家人全部捉拿,或杀头,或入狱,就是要杀鸡儆猴。于是安庆城内,反而士气更加振作。朱宸濠恼怒异常,下令死攻。刘养正、李士实劝说,强攻伤亡太重,不能再这样攻下去,需要改变策略了。几个人一合计,那就直取南京!

宁王攻打安庆的时候,在王阳明的不断催促下,袁州、瑞州、赣州等地的兵马陆续到来,汇集的义军,在兵马数量上已经初具规模。但超过两万人的部队,毕竟是临阵磨枪的乌合之众,于是,王阳明一边整编队伍进行操练,一边向民间筹集船只,并组织工匠打造兵器,利用一切时间和力量,充分做好战前准备。

出兵前,众官员、将领讨论如何行动,大家一致认为,先解救安庆的困局。理由是南昌城池坚固,贸然攻城很难拿下,而安庆局面十分危急,张文锦能坚守多久很难预料,现在驰援,既可以解围,而且打击的还是朱宸濠的主力。王阳明认为眼下的情况,只能是攻打南昌。理由是南昌在安庆上游,越过南昌攻打安庆的话,南昌一出兵就会截断后路,导致部队前后受敌。而先打南昌,朱宸濠必然回救,那么就解除了安庆的围困。

战略方针既定,王阳明亲自督领知府伍文定、通判谈储、推官王暐等,从吉安出发,开往樟树。会同临江知府戴德孺、袁州知府徐琏、赣州知府邢珣、瑞州通判胡尧元和童琦、南安推官徐文英、赣州都指挥余恩、新淦知县李美、泰和知县李楫、宁都知县王天与、万安知县王冕的义兵，誓师大会之后，大军直向南昌进攻。

十八日，部队行军到丰城。王阳明开始排兵布阵，分为七哨人马攻打南昌七门：伍文定攻打广润门，邢珣攻打顺化门，徐琏攻打惠民门，戴德孺攻打永和门，胡尧元、童琦攻打章江门，李美攻打德胜门，余恩攻打进贤门。谈储、王晖、李楫、王天与、王冕等，根据七门的战况，从旁夹击来壮大七支主攻部队的声势。这时又有探子来报，在新旧坟场，朱宸濠安排了伏兵一千多人，随时准备接应南昌。于是王阳明命令奉新知县刘守绪领兵四百，从偏僻小道行进，趁夜色攻破贼营。

七月十九日，王阳明举行战前誓师大会，宣告朝廷威德和旨意，公布朱宸濠的罪状，下达命令：第一鼓时要将南昌城围住，第二鼓时必须登上城池，第三鼓时如果不能取胜，就要斩杀士兵，第四鼓如果还是不能取胜，立即斩杀带兵的将领。到了晚上，部队开始出发，要求次日黎明前各自赶到指定地点。

此时的南昌城，守备极为森严，各种守城器械完备。然而半夜时分，只见新旧坟场战败的士兵狂奔逃命而回，守城的士兵一时大惊。到了拂晓，只见官兵已经将南昌城团团包围，个个都吓得魂飞魄散。不一会，南昌城内宁王守军迅速溃败，官兵生擒宜春王朱拱㰍、内官万锐等一千余人，搜获被劫走的大小衙门印信九十六颗。宁王府的官眷害怕被俘受罚，纵火自焚，火势祸延到居民房屋，王阳明急忙命令官兵分头救火，并安抚军民。随着被胁迫的官员投案自首，王阳明一边善后，一边安排官兵追捕余党，南昌一战，大获全胜，人心也恢复到之前的安定。

安庆在南京的上游。朱宸濠直接攻打安庆，是王阳明之前所推演预料的中策。安庆如果不能保住，南京就岌岌可危。王阳明担心腹背受敌，所以没有去解安庆的围困，而是直接出兵南昌，用的是"围魏救赵"的计策。

当王阳明的部队行军到丰城，朱宸濠得知后急忙调遣部队回援。回援的部队还没赶到，南昌城就已经被攻破。朱宸濠闻讯大吃一惊，顿时六神无主，于是气急败坏地要将大部队拉回南昌，与王阳明决一死战。李士实、刘养正等极力反对。他们认为只有直取南京，进城后迅速登基，以此对抗北京才为上策。然而，朱宸濠又哪里听得进去？

二十三日，王阳明得知朱宸濠回兵江西，屯扎在沉子港，并且分出士卒二万，要来收复南昌。王阳明也派出部队迎击，双方的兵马直逼黄家渡，形成两岸对峙的局面。

王阳明召集将士，商量破敌的计策。将领们大多主张坚壁自守，等待援兵到来，再谋求下一步的进取。王阳明觉得这样的话，很容易失去作战的时机：宁王的部队虽然来势汹汹，外表看起来比较强盛，但是都没有经历过大战的磨炼，朱宸濠完全靠奖赏财物来收买人心，目前正处在进无去处、退无归路的尴尬局面，士气早已丧失，趁这个机会迅速派出奇兵，必定能够打败朱宸濠。

而此时，抚州知府陈槐，进贤知县刘源清，都带着部队赶来汇集。于是王阳明开始部署：伍文定领精兵五百作为先锋冲在前，余恩领精兵五百继其后，邢珣领精兵五百绕到叛军背后，徐琏、戴德孺各领精兵五百在左右两翼设伏。

正好朱宸濠也派出悍卒千余人，从偏僻的小路行军，想围攻并收复省城。两军相遇，宁王的兵马杀气腾腾，十分嚣张。伍文定、余恩所率部队不能抵挡叛军的势头，节节败退。王阳明获悉战报后大怒，要依照军法将伍文定、邢珣、徐琏、戴德孺斩首示众，还准备亲自督查。幸亏左右纷纷陈情并极力劝阻，指出所遣先头部队并无统一指挥，无法协同作战，遇到强敌必定散乱。王阳明顺势收回成命，重新部署：伍文定率军奋死督战，余恩领兵四百，在湖上来回游击，专门负责诱敌深入。陈槐、胡尧元、童琦、谈储、王暐、徐文英、李美、李楫、王冕、王轼、刘守绪、刘源清等，各领兵四百余，在四周埋伏，等待伍文定部和叛军交战后将敌军引进包围圈，再实行包围合击。

二十四日清晨，宁王的先遣部队因初战告捷，自然是乘势紧逼不放，直接杀向黄家渡，却不承想因此与后续部队形成了断链。两军交锋，伍文定、余恩部按计划佯败，慢慢撤退。叛军紧追不舍，待进入事先设计好的包围圈后，伍文定、余恩率部掉转头来，徐琏、戴德孺部从左右杀出，邢珣部已经绕到叛军背后，几支部队合力围剿，短兵相接，刀枪见红，叛军惨败。

宁王的兵马遭此损失，只好先退到八字脑。朱宸濠知道自己已经无路可走，现在的状况只能背水一战了，于是亲自出面激励将士，凡是在冲锋时踊跃当先的，赏白银千两，受伤的兵士，赏银百两。又传令调拨九江、南康守城的部队前来驰援，准备合击八字脑，大战一场。

王阳明预料朱宸濠大败之后，必定向九江、南康调取守兵来支援，两城一旦空虚，正好实行袭取。只要九江得手，朱宸濠在鄱阳湖外就没有险要可以凭据；如果南康得手，宁王叛军就再也没有了退路。正好此时建昌知府曾玙也领兵赶到，王阳明命令陈槐领兵四百，会合饶州知府林珹的部下，攻打并收复九江；曾玙领兵四百，会合广信知府周朝佐的部下，攻打并收南康。

人为财死，鸟为食亡，宁王叛军在重赏之下，个个勇武，加之风势不顺，两军交战没多久，官兵的阵势开始变得混乱，有不少士卒死伤。伍文定知道王阳明军法之严，拔剑出鞘在地上划出一道横线，士兵退却稍微超过这道线，立刻斩首示众。一时竟然连斩十几个，血流一地。士兵们被伍文定的气势所震撼，重新振作杀向叛军。在一片炮声之中，伍文定胡须被炮火烧着，依然挺身不退，仗剑督战部队奋勇迎敌。史载"火燎须不动"，将士们也因之感染，不再退却。

狭路相逢勇者胜，王阳明在远处时刻关注着战场的情形，他清楚地知道，两军的生死存亡，就在此一战。只要自己还站在这里，士兵们就会继续奋勇杀敌。而对面，一发炮弹击中宁王的副船，吓得朱宸濠连忙让主船后退。主帅退却，叛军顿时大乱，官兵乘势杀了过去，斩获叛军首级二千余颗，落水溺死无法计算。

朱宸濠败退到南昌和鄱阳湖之间的樵舍，赣江的几条支流，就在这里注入鄱阳湖，水流如网，四通八达，适合水战。朱宸濠把所有的船只集中在一起，连接成方阵，又拿出金银财宝，赏赐给将士们，准备和官军再度决战。

王阳明见此情况，第一反应就是用火攻，并督同伍文定等连夜预备火攻器物，命令邢珣从左边主攻，徐琏、戴德孺从右边主攻，余恩等人埋伏在各交通要道，等候火发时合攻。

二十六日清晨，朱宸濠收到九江、南康失守的消息，内心十分焦急。到了早朝，为提高士气震慑军心，朱宸濠要将在八字脑一役中不肯拼命的将士斩首示众，声称不杀不足以为诫。刘养正认为用兵之时，不可斩杀将士动摇军心，不妨责令他们将功折罪再作计较。李士实支持朱宸濠的决定，说千钧一发之际，得了重病就是要用重药才行。

争论之时，不料官兵偃旗息鼓飞渡而来，借着风势纵火，舟船连成的方阵火势蔓延，叛军措手不及，纷纷逃命。看着大火烧到了副船，将士们四散逃命，妃嫔围在左右大哭，朱宸濠明白大势已去。他宠爱多年的娄妃，容颜憔悴地站在一旁，那时苦谏的声音忽然在耳边回荡，然而，后悔也于事无补了。娄妃走近船舷，然后纵身一跃跳入湖中，留下一首《西江绝笔》："画虎屠龙叹旧图，血书才了凤眼枯。迄今十丈鄱湖水，流尽当年泪点无？"

接着，其他妃嫔也开始跳湖。朱宸濠痛哭流涕，正想着如何脱身，知县王冕领兵一拥而上，生擒了朱宸濠以及世子和眷属。继而各路部队合围，李士实、刘养正、刘吉、涂钦、王纶、凌十一、闵念四等叛军头目和数百名将士，都被官兵拿住。这一战，斩获叛军首级三千多颗，落水的叛军好几万人，鄱阳湖中的衣甲、器仗、财物和浮尸，纵横十余里。至此，王阳明自起兵不满十日，平定了宁王叛乱。

王冕将朱宸濠等一众叛逆押回南昌，朱宸濠见到王阳明，高声大呼，说愿意把所有护卫全部撤除，请求降为平民。王阳明回答说，自有国法在，等候皇上处置吧。便下令将其押送狱中。

娄妃的尸体在黄家渡被打捞上来，全身衣衫都用针线密缝，严密地包裹着整个身体，这是古时候的妇人之道。王阳明感慨万分，多年前那位天真可爱的小女孩，如今香魂一缕随风而去……想起恩师娄谅，王阳明当即决定安葬娄妃，在王阳明的眼里，她是无罪的。

宁王朱宸濠叛乱，六月十四日被迫仓皇起事，七月二十六日束手就擒，二十八日全军覆没，前后四十三天时间，十多年的蓄谋以失败告终。王阳明平叛，六月十八日在吉安合议，七月二十七日结束战斗，前后三十九天时间。在《鄱阳战捷》中，王阳明如此写道:"甲马秋惊鼓角风,旌旗晓拂阵云红。勤王敢在汾淮后,恋阙真随江汉东。群丑漫劳同吠犬,九重端合是飞龙。涓埃未遂酬沧海,病懒先须伴赤松。"有豪情,有愤慨,也有告老隐居的向往。

七月三十日,王阳明连上《擒获宸濠捷音疏》《奏闻益王助军饷疏》《旱灾疏》。

功过风云

宁王叛乱,武宗原本是准备御驾亲征的,他在圣旨中写道:"令总督军务威武大将军镇国公朱寿统各镇兵征剿。"所谓朱寿,就是武宗自己。而且,还安排安边伯许泰为总督军务充总兵官,平虏伯江彬为提督官,左都督刘晖为总兵官,太监张忠为提督军务,张永为提督赞画机密军务并查访朱宸濠反叛的事情,太监魏彬为提督,兵部侍郎王宪督理粮饷。如此声势浩大的一支队伍,南下江西讨伐叛贼。

可是才行军到中途,就收到了王阳明的捷报,对于武宗来说,这就有点大煞风景的感觉了。于是许泰等人商议:要把王阳明的头功夺过来,这场平叛的胜利,必须是皇上亲征才能够做到的。江彬等人趁机献言:"元恶虽擒,余党未尽,倘不肃清,必有后患。"这番话正合武宗心意,于是大军继续往江西出发。

王阳明知道皇上要南下亲征,因此忧心如焚,一时竟不知道该如何应对。宁王等人已经擒获归案,皇上这几万兵马南下,吃喝拉撒和住宿等等都要安排,各种费用开支,最后受苦的还是百姓。八月十七日，王阳明撰写《请止亲征疏》：

"……臣于六月十九日具本奏闻之后，调集军兵，择委官属，激励士气，振扬武勇。七月二十日，先攻省城，墟其巢穴。本月二十四等日，兵至鄱阳湖，与贼连日大战。至二十六日，宸濠遂已就擒。谋党李士实等，贼首凌十一等，俱已擒获。贼从俱已扫荡，闽、广赴调兵士俱已散还，地方惊扰之民俱已抚帖。……发谋之始，逆料大驾必将亲征，先于沿途伏有奸党，期为博浪、荆轲之谋。今逆不旋踵，遂已成擒，法宜解赴阙门，式昭天讨。然欲付之部下各官押解，诚恐旧所潜布之徒，尚有存者，乘隙窃发，或致意外之虞，臣死且有遗憾。况平贼献俘，固国家之常典，亦臣子之职分。臣谨于九月十一日亲自量带官军，将宸濠并逆贼情重人犯督解赴阙外，缘系献俘馘，以昭圣武事理，为此具本，专差舍人金昇亲赍，谨具题知。"

劝阻皇上不要南下，警示途中并不安全等等。但是，奏疏被江彬等人压下。其实，就算武宗看到，也未必接受王阳明的劝谏。

流言纷纷，南下的先遣部队即将到南昌，王阳明愤怒了，这不是一场闹剧吗？此时，接着又得到兵部尚书乔宇（王琼改任吏部尚书）传来的信息：张永一行已经到了杭州。

八月二十日，江彬、许泰、张忠带领先遣部队进入南昌。武宗没能及时赶到，因在临行之前，答应宠妃刘美人一同南下。刘美人，平民刘良之女，乐户杨腾名下歌妓，能歌善舞，武宗一见便喜欢上了，于是带回京城，封为美人。南下之时，刘美人因为身体不适，没有跟随武宗一起动身。等武宗到了临清改走水路时派人来接她，刘美人却又不肯出发了，武宗只好亲自回到京城，如此一来一往，耽误了不少时间。

江彬，字文宜，北直隶宣府（今河北宣化）人，边将出身，曾随军与鞑靼作战。后通过钱宁受武宗召见，竟深得武宗欢喜，并成为武宗义子，赐姓朱，与武宗出入豹房，同吃同住。宁王反叛时，江彬趁机进言揭发锦衣卫指挥使钱宁勾结宁王的罪行，武宗一声令下，将钱宁打入大牢，江彬因而接替了钱宁的职务。许泰，江都人，许宁之子，弘治十七年（1504年）武状元，也被武宗收为义子，赐姓朱，曾参与平定刘六、刘七起义。张忠，太监。这三人结伙，真够王阳明应付了。

然而，王阳明又不得不前往拜见这三位。江彬、许泰、张忠都非常傲慢，特意设置旁席让王阳明就座。王阳明不愿因此受制于这几个人，否则就只能事事听命于他们，于是装作不知就里，直接走到上座的位置坐下。许泰等也拿王阳明毫无办法，只好在旁落座相陪，却翻出社会上流传的各种谣言，说王阳明和朱宸濠本来就是同党，在听到皇上御驾亲征后，才不得已起兵征讨并擒拿朱宸濠，借此机会开脱自己的罪责。又说皇上即将南下，到时候就会一并将他捉拿问罪。他们不断暗示王阳明，把朱宸濠安放到鄱阳湖，等待武宗到来，亲自擒获反叛一众，然后胜利归来，论功行赏。

王阳明没有精力去理会这几个人的胡搅蛮缠，回到临时府邸,上《二乞便道省葬疏》(十四年八月二十五日):"……以父老祖丧,屡疏乞休,未蒙怜准。……近照宁王逆党皆已仰赖皇上神武,庙堂神算,悉就擒获。地方亦已平靖,百姓室家相庆,得免征调之苦,复有更生之乐,莫不感激洪恩,沾被德泽。独臣以父病日深,母丧未葬之故,日夜哀苦,忧疾转剧。犬马驱驰之劳,不足齿录,而乌鸟迫切之情,实可矜悯。已蒙前旨,许'待贼平之日来说',故敢不避斧钺,复伸前请。伏望皇上仁覆曲成,容臣暂归田里,一省父病,经纪葬事,臣不胜哀恳苦切祈望之至!"

接着,王阳明带着一队精兵,押解朱宸濠及家眷和叛军中情节相对严重的人犯,突然离开南昌,要亲自献给武宗。许泰等人得知情况,连忙派人追到广信,想要截住宁王等要犯,完成让武宗亲自擒拿的设想。王阳明知道事态严重,依然不去理会他们,按自己的构想,继续星夜赶路。

过了玉山,驻扎在草萍,王阳明作《书草萍驿二首》,其一:"一战功成未足奇,亲征消息尚堪危。边烽西北方传警,民力东南已尽疲。万里秋风嘶甲马,千山斜日度旌旗。小臣何尔驱驰急?欲请回銮罢六师。"其二:"千里风尘一剑当,万山秋色送归航。堂垂双白虚频疏,门已三过有底忙。羽檄西来秋黯黯,关河北望夜苍苍。自嗟力尽螳螂臂,此日回天在庙堂。"正如诗中所言的力尽螳螂臂,又怎能抵挡武宗南下的车轮。几年前王阳明谪往龙场驿,途径草萍的时候,也曾作《草萍驿次林见素韵奉寄》:"山行风雪瘦能当,会喜江花照野航。本与宦途成懒散,颇因诗景受闲忙。乡心草色春同远，客鬓松梢晚更苍。料得烟霞终有分，未须连夜梦溪堂。"两下心情对比，竟然没有任何改变。

到了杭州，王阳明决定暂时休整，等待武宗一行的到来。而提督赞画机密军务官张永，早就到了杭州，也在等候武宗亲临。张永，当年敢和刘瑾叫板，曾经痛打刘瑾，后来又和杨一清联手，除掉了刘瑾。就是这个既有良心又掺杂着私心的人物，让王阳明实在是犯难。能不能把朱宸濠等要犯交给张永，张永能不能阻止武宗南下江西，王阳明心中其实也不能完全确定。

王阳明前往求见，得到了张永的接见。张永能够理解王阳明的敏感：武宗御驾亲征，阳明北上献俘，这画面形成强烈的对比，其中的矛盾不言而喻，明眼人一看就知道是怎么回事。张永认可王阳明对朝廷的忠诚和文武兼具的才能，但是，现在要面对的可是一言九鼎的皇上，而不是只会窝里横的朱宸濠。因此，王阳明的到来，到底是凶是吉，张永不得不慎重考虑，仔细思量。

而对王阳明来说，张永是他最后的依靠了，得失成败全在于此。因此王阳明说："江西的百姓，长期以来遭受朱宸濠的毒害，经过这一番大乱，接着又出现旱灾，现在还要给京军、边军提供粮饷，如此艰难困苦负担沉重，除了逃到山中去做盗贼，恐怕没有更好的选择了。朱宸濠作乱的时候，百姓还只是被迫顺从，现在各种重压纷纷而至，如果不加控制，任由这情况发展到奸党群起，天下就会一片混乱。到那时候，再想兴兵定乱，恐怕就困难了。"

张永听了，连连点头称是。这让王阳明感到十分欣慰，自己的这番话，"永深然之"，不是许泰、江彬之流可以做到的。王阳明接着说：我现在把朱宸濠交给您，您去南京献给皇上，劝皇上挥师回京，那么江西轻松了，百姓也轻松了。

献俘邀功并且接受皇上的封赏，这是大多数人求之不得的事情。然而，张永明白朱宸濠就是一个烫手山芋，稍有不慎就会麻烦不断。他反复掂量着事情的轻重，慢慢地对王阳明说："我奉命南下，也看到哪些人围绕在皇上身边，我的目的是守卫在皇上左右，力保龙体的周全，并不是为了邀功和受赏。我也有不能道出的难处，行事也只能顺着皇上的旨意，事情也就能够慢慢地理顺。如果违背皇上的意图，引发其他人的围攻，只怕对国家大事毫无益处，反而导致自己陷入两难的境地。"王阳明明白，张永这番话是发自内心的，和江彬之流还是有着本质的不同，因此也就放心了。

接着，王阳明又在轻描淡写之间有意无意地透露：宁王与朝中百官频繁往来，和不少官员都有着扯不清的关系，收复南昌时查到的信件、账单，当时就付之一炬了，但愿那些人能够理解自己的良苦用心。张永表示，这样也好，既显示了你的气度襟怀，也给了他们一个改过自新的机会。至于张永内心是怎么考虑的，就无法得知了。于是，王阳明把朱宸濠等一干要犯，全部交给了张永。离开之后，王阳明悬着的心总算暂时放了下来，这些小风小浪，是掀不起大浪来的。

然而，王阳明这次却想得有些简单了。没多久，江彬派人到杭州提取朱宸濠。来人是个锦衣卫千户，拿着皇上专用的"威武大将军"令牌。宁王重犯已经转交给了张永，王阳明连出迎都不愿意。指挥司、布政司、按察司的官员在旁苦苦相劝，既然名义上是皇上派来的人，怎么能够不去接见。王阳明感叹说："怎么能忍心让我去阿谀逢迎他们啊。"三司官员依旧苦劝不止，王阳明不能拂了众人的好意，只好和众人一起出迎。

千户见惯了各种场面，官架端得很大，压根就没把王阳明放在眼里。但他没想到王阳明不卑不亢，甚至有些冷淡，更不要说巴结他了。有官员担心得罪千户，提醒王阳明说："根据惯例，千户大人那里还是要打点一下才行。"王阳明说："那就安排五两银子吧。"官员遵照王阳明的吩咐，赠送了五两银子。锦衣卫千户见状大怒，没有接受这他看不上眼的馈赠，拂袖而去。

次日，千户按例前来辞行。王阳明站起身来，握住他的手说：我当年在锦衣卫的监狱蹲了很久，从来没有见过像大人这样重义轻财的。昨天命人送上一些碎银，算是备个薄礼，听说大人没有接受，真让我惶然而又惭愧。我没有什么擅长的，只会写几句不像样的文章，将来一定写篇文章颂扬大人，也好让世人知道，锦衣卫里面也有像大人这样高风亮节的好人。"说完，作揖拜谢。千户一时无语，只得悻悻辞别。

于是王阳明又在上疏中把平定宁王叛乱的功劳，说是全靠"钦差总督"的威德和指示方略，才能够攻下南昌、擒获元凶。借此止住了武宗亲往江西的步伐。稍后，王阳明称病，在西湖净慈寺疗养，准备就此退隐。

不久，张永将朱宸濠等要犯押送到江西，交给了许泰等人收管，又听说武宗一行终于到了南京，急忙顺江东下前去见驾，这时候已经是十一月了。许泰、江彬等虽然接管了朱宸濠等要犯，但江彬却怀恨在心：王阳明把朱宸濠交到张永手里，不就是眼中没有自己吗？所以他一边想尽办法搜罗钱财，一边交代随军纪功给事祝续、御史章纶等造谣惑众，中伤王阳明。

诬陷王阳明主要从两个方面，一是要押走朱宸濠等要犯的时候，王阳明抗旨不遵，这是最主要的一项，在旁人看来，也是明摆着的事实；二是王阳明和朱宸濠的关系，这是武宗皇帝最忌讳的事，对善于捕风捉影的人来说，也是比较好操作的。于是，许泰等人开始罗织罪名：第一，宁王是赏识王阳明的，刘养正就曾代表宁王和王阳明接触，并且许诺江西巡抚一职，且刘养正和王阳明关系非常密切。第二，王阳明的弟子冀元亨，曾经受王阳明的指派进入宁王府，被宁王奉为座上宾。第三，娄妃投湖而死，王阳明为其厚葬，有违大明律法体制。第四，宁王府财富堆积如山，南昌城攻克后士兵进入后宫，这些金银财宝哪里去了？第五，王阳明也曾准备到南昌祝贺宁王生日，只是临时受命去福建平叛没能成行。第六，王阳明之所以起兵，并非自愿，而是得益于伍文定等人，王阳明不过就是顺从众官员的意思，而且在给朝廷的战报中，多有夸大其词的地方。第七，王阳明获取了宁王府的信件和账本，如果不是做贼心虚，为什么要付之一炬，这不是欲盖弥彰嘛。所以最后得出结论：王阳明本来就是朱宸濠同党，参与了谋反，最后只是因为"虑事不成"，才不得已起兵勤王的。

这些罪行，本来就不值一驳。宁王反叛之前，属于皇室，地位比地方官要高，朱宸濠一张请柬，试问哪个地方官员敢说一个不字？位高权重如首辅杨廷和都和宁王有来往，何况那些没有背景的芝麻官。孙燧、许逵这些忠烈之士，不也得去祝贺宁王的诞辰么。说王阳明"虑事不成"才起兵讨伐宁王，也是没有一点逻辑理据的臆想。至于厚葬娄妃，那是因为娄妃深明大义、清白无辜，娄妃反对宁王反叛，多次劝谏后被软禁，这是众所周知的事情。刘养正反叛之前作为朋友与其有往来，也是再正常不过的事情，何况王阳明最终将刘养正送进了大牢。至于冀元亨，押后再说。

所以这些谣言传到耳边，王阳明始终缄默不言。他不想解释，只是在《除夕伍汝真用待隐园韵即席次答五首》中，可以窥得他的心思。其三："正逢兵乱地，况是岁穷时。天运终无息，人心本自危。忧疑纷并集，筋力顿成衰。千载商山隐，悠然获我思。"其四："世道从卮漏，人情只管窥。年华多涉历，变故益新奇。莫惮颠危地，曾逢全盛时。海翁机已息，应是白鸥知。"其五："星穷回历纪，贞极起元亨。日望天回驾，先沾雨洗兵。雪犹残岁恋，风已旧春情。莫更辞蓝尾，人生未几倾！"

江彬把所罗织的王阳明"罪状"逐一向武宗禀报。正好张永见了武宗，借机极力说明王阳明一心为国，忠诚于武宗而且立有大功，并指出许泰、江彬、张忠等可能要加害于他。武宗还是信任张永的，于是命王阳明巡抚江西。武宗就是这样一个人，有时糊涂，有时清醒，但关键时候，内心明白得很，不会被奸佞之人所左右。王阳明亲眼所见江西接连遭受战祸、旱灾，担心民众铤而走险，如果激起更大的动乱，就不好收场了，于是奉旨回任。

转眼到了正德十五年（1520年），王阳明赴任南昌，感慨万分。许泰、江彬已经开始明晃晃地拿他开刀了，张忠之流竟然将伍文定抓起来下了大狱。而许泰、张忠的先遣北军，和王阳明少量的南军余部，竟然在南昌城内形成了对峙的局面。王阳明和南军常常遭遇北军的谩骂，看来是江彬之流故意安排的，但王阳明并不把这些当作一回事，反而处处礼待北军，甚至还准备犒劳一下，只是许泰明令禁止，王阳明的赏赐和馈赠一律不许接受。王阳明因此布告城内城外，说北军离家苦楚，居民务必尽地主之谊。如果知道北军有死丧之事，还特地派人慰问，送去瓦棺木套妥善安葬。时间一长，北军中有不少将士非常感动。冬至节临近的时候，王阳明传令城中，祭奠遇难的亡魂，北军士卒见了，不禁触动思家之念。而且王阳明每次和许泰等人会话，都端身正色彬彬有礼，许泰等人反而对王阳明多了几分畏惧。

王阳明依然想面见武宗，劝说其回兵北京，同时也好洗清自己。路过镇江时，王阳明特意拜访了在家休养的前大学士杨一清，介绍了平叛的始末，倾吐了内心的痛苦和愤懑。杨一清劝王阳明先回南昌，武宗既然没有召见，自己去面圣是不合适的，这时候任你说什么，也无法阻挡武宗南下的脚步。

在杨一清的待隐园里，王阳明只有赋诗寄怀，《杨邃庵待隐园次韵五首》其三："绿野春深地，山阴夜静时。冰霜缘径滑，云石向人危。平难心仍在，扶颠力未衰。江湖兵甲满，吟罢有余思。"其五："芳园待公隐，屯世待公亭。花竹深台榭，风尘暗甲兵。一身良得计，四海未忘情。语及艰难际，停杯泪欲倾。"欲哭无泪，欲诉无语，就是王阳明的感受。

王阳明听取了杨一清的建议，决定不去面圣了。张永也托人带信来，劝他先回南昌，等待时机。返回江西途中，王阳明赋就《用韵答伍汝真》，赠给自己的学生："莫怪乡思日夜深，干戈衰病两相侵。孤肠自信终如铁，众口从教尽铄金！碧水丹山曾旧约，青天白日是知心。茅茨岁晚饶风景，云满清溪雪满岑。"这也是王阳明心情的写照。

许泰、张忠觉得王阳明不过就是个文弱书生，断然不会骑射，作为武进士出身，许泰想和王阳明比试一番，也好当众侮辱一下对手。于是双方约好日子，许泰在校场汇集各部队，一时声势浩大，引得城中市民纷纷围观。

阅兵台上坐定，许泰对王阳明说："我军逗留南昌已经几个月了，对大人治下的江西骚扰多时。许某只是个粗鄙的武夫，诗书礼仪什么的都不懂，只能摆弄一下刀枪剑戟。今天相别，再见也不知道要等到什么时候。听说大人熟读兵法，善于马上步下、刀枪弓箭。今天机会难得，如果有幸能开开眼界，也算是不负平生啊。"

王阳明知道许泰是武进士出身,被故意吹捧为武状元,虽然名声有些夸大,但真实功夫还是非常了得的,否则,也不会当上副将军,率领先遣部队南下。其实,许泰只不过是想在临走之前,让王阳明当众出丑,然后得胜回朝。不待王阳明细想,许泰已从侍从手中接过弓箭,走下台阶,挽起大弓,只见三支飞箭直射靶心,全场一片喝彩。许泰非常得意,就等着看王阳明如何栽在自己手下了。

射箭对王阳明来说,原本不是什么事儿,只是他已经四十九岁了,而且因为肺病,体力大不如从前,加之长时间伏案读书,视力也下降不少,这些因素都影响他的发挥。但王阳明依然不慌不忙,跨上骏马,钩弓搭射,也是连发三箭,箭箭正中红心。就连北军将士都举手呼跳如狂。许泰等见此大惧说:"难不成我们堂堂北军,都要归附王阳明了吗?"一脸尴尬的许泰,再也装不出坦然从容的风度,只能讪讪一笑。既然皇上已经到了南京,那就班师面圣去吧。

随遇而安

正德十五年（1520年）的南京，大街上张灯结彩，歌舞升平，武宗在这里欢度新春。各路兵马在此会师，朱宸濠等要犯也已经押解送到。此时的武宗，无忧无虑，尽情享乐。然而，臣子们却心事重重，因为还有两件大事等待处理。

首先是怎么处置朱宸濠。虽然羁押在南京刑部大牢里，但武宗要放回去重捉，放不放？往哪里放？什么时候放？怎么捉？捉到后又怎么定刑？所有这些，环环相扣，都得武宗点头才行。然后就是王阳明的事了。许泰、张忠到了南京，就和江彬聚在一起，他们在南昌不但一无所获，还被王阳明斗败。许泰等人先是商议伪造诏书，召王阳明到南京面圣，然后安排人半途拦杀。张永得知消息后，连忙差遣幕士钱秉直通知王阳明。许泰等人见王阳明几次召见不到，断定其从此不敢再出江西一步，正好借此告他谋反。于是为了发泄私愤，几人开始凭空捏造，说王阳明久有异志，必定反叛。见武宗一脸疑惑，张忠故意建议说："皇上可以召王阳明前来面见，他若敢来就没什么事，如果不来那就可以坐实谋反之心了。"

接到圣旨，王阳明正揣摩此行的凶吉，恰好张永的密信也送到了。信中说皇上并没有任何怀疑，应该尽快来南京面圣。张永虽然曾经和刘瑾同属"八虎"，但他心中忠奸分明，所以后人称赞他"功大于过"。文献公费宏《送张永还朝序》中还说："兹行也，定祸乱而不必功出于己；开主知而不使过归乎上；节财用不欲久困乎民；扶善类而不欲罪移非辜。"并就评价当年扳倒刘瑾一事说："且先是发瑾罪状，首以规护卫为言，实以逆谋之成，萌于护卫之复，其早辨预防，非有体国爱民之心，不能及此。"

有张永暗中关照，王阳明心中就有底了，于是从南昌启程，沿赣江而行，经过鄱阳湖，进入长江顺流而下，很快就到了南京。舟泊上新河、龙江关时，奏报武宗等待召见。

王阳明真来了，这让江彬一伙慌了。如果王阳明在武宗面前直言禀告，揭了他们的老底，那麻烦就大了。因此，几个人一合计，不能让王阳明见皇上，于是江彬将王阳明的奏报扣押，然后矫旨让他回芜湖待命。武宗蒙在鼓里，王阳明也很无奈，只好到芜湖等候，一等就是半个月。

滞留芜湖期间，在弟子柯乔、江学曾、施宗道的陪同下，王阳明重游九华山。十九年前，王阳明也上过九华山，写下了《九华山赋》。在船上远远看到九华山，王阳明不禁诗兴大发，写下《江上望九华山二首》，其一："当年一上化城峰，十日高眠雷雨中。霁色晓开千嶂雪，涛声夜渡九江风。此时隔水看图画，几岁缘云住桂丛？却负洞仙蓬海约，玉函丹诀在崆峒。"其二："穷探虽得尽幽奇，山势须从远望知。几朵芙蓉开碧落，九天屏嶂列旌麾。高同华岳应无忝，名亚匡庐却稍卑。信是谪仙还具眼，九华题后竟难移。"其中的无奈和失落，可见一斑。晚上，在山下寺中留宿，王阳明也是感慨万分，《将游九华移舟宿寺山二首》其一："逢山未惬意，落日更移船。峡寺缘溪径，云林带石泉。钟声先度岭，月色已浮川。今夜岩房宿，寒灯不待悬。"不结合此时的经历来看，恐怕还真不好理解王阳明的本意。

次日登山，相比当年阴雨绵绵，九华山被浓云包裹，看不清真面貌。眼下春色初露，天气晴朗，心情自然不同。因而王阳明作《弘治壬戌尝游九华值时阴雾竟无所睹至是正德庚辰复往游之风日清朗尽得其胜喜而作歌》："昔年十日九华住，云雾终旬竟不开。有如昏夜入宝藏，两目无睹成空回。每逢好事谈奇胜，即思策蹇还一来。频年驱逐事兵革，出入贼垒冲风埃。恐恐昼夜不遑息，岂复山水能徘徊？鄱湖一战偶天幸，远随归凯停江隈。是时军务颇多暇，况复我马方虺隤。旧游诸生亦群集，遂将童冠登崔嵬。先晨霏霭尚暝晦，却疑山意犹嫌猜。肩舆一入青阳境，忽然白日开西岭。长风拥彗扫浮阴，九十九峰如梦醒。群峦踊跃争献奇，儿孙俯伏摩其顶。今来始识九华面，恨无诗笔为传影。层楼叠阁写未工，千朵芙蓉抽玉井。怪哉造化亦安排，天下奇山此兼并。揽衣登高望八荒，双阙下见日月光。长江如带绕山麓，五湖七泽皆陂塘。蓬瀛海上浮拳石，举足可到虹可梁。仙人为我启阊阖，鸾軿鹤驾纷翱翔。从兹脱屣谢尘世，飘然拂袖凌苍苍。"

这次王阳明没能在九华宣讲阳明心学，不过后来他的学生在这里建了一座阳明书院。

武宗召见王阳明，却因为沉迷享乐，把这事忘得一干二净。直到有一天，他忽然想起来，才问身旁的人：这么多天了，王守仁怎么还没到？江彬装着不知道底细的样子说：王守仁倒是来过了，不清楚为什么没有来面见圣上，听说去了九华山，大概是目无圣上，不愿意来面圣吧。见武宗面有不喜，江彬趁机又说：可见说王守仁有反心一点也不假，陛下不能不防啊！武宗一脸怒气，下令派人到九华山察看，他想知道王阳明到底在干什么。

察看的人回报，王阳明在九华山听道。张永恰在身边，便向武宗说，王守仁对陛下一片忠诚，只是被一些小人故意挡了回去。这样对待有功之臣，很不公平，既然知道他在九华山听道，那么，"召之即来，哪里还会谋反呢？"

武宗顿时明白，便传旨让王守仁回江西，此时，他选择了相信王守仁。王阳明接到圣旨，沉重的心情终于放松，于是启程回江西。因为顺道，他登上了庐山。

到了庐山，王阳明要做的第一件事就是立一块纪功碑，他要把平定宁王朱宸濠的真实情况用文字记录下来，留给后世的人阅看。只是涉及带兵南下，是不能冒犯当今皇上的，纪功碑全文如下："正德己卯六月乙亥，宁藩濠以南昌叛，称兵向阙，破南康、九江，攻安庆，远近震动。七月辛亥，臣守仁以列郡之兵复南昌，宸濠擒，余党悉定。当此时，天子闻变赫怒，亲统六师临讨，遂俘宸濠以归。於赫皇威！神武不杀，如霆之震，靡击而折。神器有归，孰敢窥窃。天鉴于宸濠，式昭皇灵，嘉靖我邦国。正德庚辰正月晦，提督军务都御史王守仁书。"纪功碑一丈多高，四五尺宽，竖立在庐山南麓秀峰寺内李璟读书台旁的岩壁上，旁边还有宋代黄庭坚"七佛偈"岩刻和唐代颜真卿"大唐中兴颂"碑。

庐山山水秀丽，和朋友学子结伴而行，王阳明游兴不浅，诗作频频。《游庐山开先寺》："僻性寻常惯受猜，看山又是百忙来。北风留客非无意，南寺逢僧即未回。白日高峰开雨雪，青天飞瀑泻云雷。缘溪踏得支筇地，修竹长松覆石台。"《又次邵二泉韵》其一："昨游开先殊草草，今日东林游始好。手持苍竹拨层云，直上青天招五老。万壑笙竽松籁哀，千峰掩映芙蓉开。坐俯西岩窥落日，风吹孤月江东来。"《远公讲经台》："远公说法有高台，一朵青莲云外开。台上久无狮子吼，野狐时复听经来。"这几首诗所表现的心情，给人一种豁然开朗的感觉。

三月，王阳明回到南昌。武宗还在南京吃喝玩乐，一群臣子依然围绕在他身边，待在大牢里的宁王朱宸濠成天胆战心惊，诬陷王阳明的言论也没有完全烟消云散。王阳明内心并不平静，自己既不是功臣，也不是罪犯，新任江西巡抚，看起来是个实职，其实和虚职差不多；赣南巡抚，也没有免去，在江西、赣南境内，倒是可以随意行走。但祖母岑太夫人亡故，老父王华病重，每次上疏乞求归葬省亲，朝廷总是不肯，虽然许诺"待贼平之日",但叛乱平定后又没了下文。

一日,王阳明对学生说:"真想逃回老家去。"学生们不知道如何应对,只好默不作声。王阳明问:"你们难道就没有一个赞成的?"学生周仲说:"先生想回家的念头,也是着相啊。"所谓着相,就是执着于事物的外在形式。王阳明曾经说:"佛教说不着相,其实说这话的时候就是着了相;儒家看起来着相,其实并没有着相。"听了周仲的话,王阳明沉默了很久才说:"这相又怎么能够不着呢?"

三月到四月,江西又是大旱。五月到六月,雨水连绵,引发水灾。王阳明四处奔走,与巡按御史唐龙、朱节等将宁王府废弃的地产变卖,所得钱财入库作为官银,充当百姓赋税上缴,勉强减轻了江西百姓的部分负担。

六月,王阳明前往赣州,路过吉安,得知刘养正的母亲去世,当即命令地方官员善葬,并作文章祭奠:"嗟嗟!刘生子吉,母死不葬,爱及干戈;一念之差,遂至于此,呜呼哀哉!今吾葬子之母,聊以慰子之魂。盖君臣之义,虽不得私于子之身,而朋友之情,犹得以尽于子之母也,呜呼哀哉!"君臣之义不能徇私,但曾经的朋友之情还是要尽的,这就是王阳明,始终保持着君子之心。

到了赣州,王阳明闲来无事就组织民兵训练。不料这时有人来报,说江彬派人暗访。敏感时期,自然有好心人劝王阳明早日回南昌避一下风头,以免节外生枝。然而王阳明依然我行我素,他始终认为要保地方平安,离不开刀枪棍棒。因此,还即兴作《啾啾吟》:"知者不惑仁不忧,君胡戚戚眉双愁?信步行来皆坦道,凭天判下非人谋。用之则行舍即休,此身浩荡浮虚舟。丈夫落落掀天地,岂顾束缚如穷囚!千金之珠弹鸟雀,掘土何烦用镯镂?君不见东家老翁防虎患,虎夜入室衔其头?西家儿童不识虎,执竿驱虎如驱牛。痴人惩噎遂废食,愚者畏溺先自投。人生达命自洒落,忧谗避毁徒啾啾!"磊落胸怀,洒脱人生,心中自有"良知"。

《平宁藩事略》载,赣南酋首叶芳,被王阳明收服。朱宸濠叛乱爆发,王阳明许诺平定叛乱之后重金奖赏,叶芳为报答当年的不杀之恩,带领一支人马投奔王阳明,共赴"大义"。鄱阳湖会战,叶芳立下了功劳,王阳明想向朝廷保荐。叶芳说:"芳土人,不乐拘束,愿得金帛作富家翁耳。"于是王阳明将宁王府中一些财物,赏赐了一些给叶芳。这事也成了江彬之流指责王阳明的证据。

还有,朱宸濠当年请王阳明讲学南昌宁王府,冀元亨替代师父前往,本是一种迂回的策略。可许泰、张忠到了南昌,把从绍兴回来的冀元亨抓捕入狱,为了坐实王阳明"私通朱宸濠"的罪行,对冀元亨严刑拷打。

冀元亨怎么可能诬陷自己的恩师,没有半句奉承顺从他们的话。不久,冀元亨被秘密押解到北京,转交锦衣卫审讯。纵使被折磨得遍体鳞伤,冀元亨依然没有屈从。在狱中,冀元亨对待同监囚犯如同自家兄弟一样,看见他们痛苦不堪的样子,就挑选一些浅显易懂的学问,撑着伤痛的身体,打起十二分精神,反复讲解给他们听。在这不见天日的牢狱中,一班囚犯竟然也欢喜听讲,不但暂时忘掉了身上的苦痛,还从内心开始渐渐改过向善。

许泰见刑讯没有作用,又命令常德府把冀元亨的妻子李氏和两个女儿都抓了起来。李氏曾对人说:"我相公对上尊重师父、对下传授学生,怎么会做叛逆的事呢?"于是每天都带着两个女儿,不停地纺纱织布,有空闲就读读书、吟唱诗歌。

巡抚江西,王阳明虽然政务忙碌,但因四方学者前来请教的络绎不绝,所以仍坚持讲学。泰州王银,字汝止,号心斋,安丰场(今江苏东台)人。王银求见王阳明时,穿着古人的衣服,戴着古人的帽子,手里拿着木简诗稿,昂首挺胸缓步而来。王阳明见状大为惊奇,走下台阶迎接。双方礼毕,王银巍然在上座落座。

王阳明好奇地问:"你这帽子有什么说法吗?"王银说:"有虞氏冠。"言下之意,这是上古帝王虞舜所戴的帽子。王阳明又问:"你这衣服又有什么说法吗?"王银说:"老莱子服。"老莱子是春秋末年楚国隐士。王阳明继续问:"你这是在学老莱子吗?"王银说:"是。"王阳明说:"你学老莱子,只不过学他的穿着打扮,并没有学他的'上堂诈跌,掩面啼哭'啊。"王银听了,脸色大变,连忙起身到侧首一边就座。王阳明知道自己的话有了效果,便把"致知格物"的学说和他仔细地讲述一番。王银终于省悟,说:"我们的学问,都是些表面功夫,先生的学问,才是在心上和骨子里的。"

从此,王银不再头戴有虞氏冠、身穿老莱子服,恭敬地执弟子礼,拜到王阳明门下。王阳明还将他的名改为"艮"。王艮转而治学,后来创立了传承王阳明心学的泰州学派。

王阳明先生是一位纯粹的教育家,上至士大夫,下至苗民、囚徒、盗贼,只要时机恰当,都能给他们讲学、施教。

杨茂,吉安府泰和人氏,是个哑巴,也曾求见王阳明。王阳明问,你识字不?杨茂点头表示自己认识字。于是两人就用笔在纸上一问一答起来。

在问答中,王阳明了解到杨茂虽然不能说不能听,但内心是知道是非对错的,于是称赞他的内心和正常人并无差别,并指出:内心知道是非对错,倘若能够心存天理,那就是圣贤的心,即使不能说不能听,也是圣贤。否则,即使能说会道,那也是禽兽了。

接着,王阳明鼓励杨茂:对父母孝顺,对兄长敬爱,对乡党、邻里、宗族、亲戚尽谦和恭顺。不责怪他人怠慢不周,不贪图他人钱财,但按心中是非对错行事,他人的说辞都不用听。杨茂连忙点头称谢。

最后,王阳明说:不能说出是非,不能听到是非,也就避免了无聊的是非。凡是说到是非,就会生出很多是非、烦恼;听到了是非,就会增加是非、烦恼。你不能说也不能听,少了这些无聊的是非和烦恼,比别人快活自在多了啊。最后,王阳明谆谆教诲：今后你只要终日顺从自己的内心，不用嘴巴说、耳朵听。杨茂听罢，磕头拜谢。

对话记录在《谕泰和杨茂》中。这就是王阳明，良知之下，众生平等。

七月，离开京城整整一年了，可武宗还是不肯回北京去，这可苦了大学士、内阁首辅杨廷和。武宗南下，朝中大小事务都由杨廷和主持，处理得也都比较稳妥。他几十次奏疏，请求武宗回驾归京，武宗就是不听。这次，杨廷和又上疏，而且言辞十分尖锐。

老臣子发怒了，武宗才动了回去的念头。他心里明白，大明江山幸亏有杨廷和在支撑。但是班师回朝，名目还是要理顺的。平叛胜利、活捉朱宸濠的功劳都需要有个顺理成章的结论。江彬之流，除了阿谀献媚外，都眼睁睁盯着，等待分那一杯羹。

然而张永反对，说："皇上还没有出京城，朱宸濠等要犯已被王守仁活捉。王守仁北上献俘，经过玉山、钱塘，一路走过来，有谁不知道这件事？这怎能瞒得过众人的耳目？"张永所说，虽然听着不舒服，但句句在理。武宗可能也觉得之前的想法有些荒唐，就让王守仁重新上报捷疏。

王阳明接过圣旨，不知道是该哭还是该笑，可人在官场，也就由不得自己了，有些事虽然违心但不能不做。七月十七日，王阳明写就《重上江西捷音疏》（十五年七月十七日遵奉大将军钧帖），离《江西捷音疏》《擒获宸濠捷音疏》已经过去了一年：

"……臣以百数疲弱之卒，未敢轻举骤进，乃退保吉安。一面督率吉安府知府伍文定等调集军民兵快，召募四方报效义勇之士，会计一应解留钱粮，支给粮饷，造作军器战船，奏留回任监察御史谢源、伍希儒分职任事。……又蒙钦差总督军门发遣太监张永前到江西查勘宸濠反叛事情，安边伯朱泰，太监张忠，左都督朱晖，各领兵亦到南京、江西征剿。续蒙钦差总督军务威武大将军总兵官后军都督府太师镇国公朱统率六师，奉天征讨，及统提督等官司礼监太监魏彬，平房伯朱彬等，并督理粮饷兵部左侍郎等官王宪等，亦各继至南京。……以上各官，功劳虽在寻常，征剿亦已难得，伏望皇上论功朝锡之余，普加爵赏旌擢，以劝天下之忠义，以励将来之懦怯。……"

这次重新上奏的捷音疏，节略了征讨过程，突出了威武大将军总兵官即武宗南下亲征的功绩，又将张永、江彬、张忠、许泰等人名字也列入，同时也将征讨中立功人员名单列上。这一纸奏疏，武宗终于觉得比较满意了，接下来就是如何凯旋的事了。

八月，武宗在南京举行受俘仪式。校场上，武宗一身戎装，手执长枪策马而来。手下将朱宸濠的刑具除去，放到校场中心。鼓声大作，将士们在四周呐喊。武宗纵马冲出，挥动长枪，伸手之间，将朱宸濠擒住，然后交给手下捆绑。受俘仪式结束，武宗启程返驾，班师回京。

九月，武宗一行抵达清江浦。这是武宗当年陪刘美人捕鱼的地方。武宗在这住了三天,只不过游玩的时候因为船翻落水,吓得魂飞魄散,因此染病。

十二月,武宗到了通州,离北京不远了,便下令将朱宸濠等一干要犯,全部处死。随后进城,结束了京城之外的奢靡生活。

吾心良知

正德十六年（1521年），王阳明五十岁，这是知天命的年纪。经历了朱宸濠、张忠、许泰的事情后，他更加坚信"良知"二字可以忘却忧患，超出生死，这是他哲学思考的总结和归宿。

御史黎龙说："平定藩王这事情，取得成功并不难，难在如何宣扬大义。"说出了问题的一个方面。王阳明的弟子钱德洪说："平定藩王这事情，宣扬大义并不难，难在应付张忠、许泰这些小人的变故。"进一步说出了问题的又一个方面。而这些在王阳明眼里，都不是问题，因为他认识到了"致良知"。

王阳明在给邹守益的书信中说道："近来信得'致良知'三字，真圣门正法眼藏。往年尚疑未尽，今自多事以来，只此良知无不具足。譬之操舟得舵，平澜浅濑，无不如意，虽遇颠风逆浪，舵柄在手，可免沉溺之患矣。"又说："随处体认天理，勿忘勿助之说，大约未尝不是。只要根究下落，即未免捕风捉影。纵令鞭辟向里，亦与圣门致良知之功尚隔一尘。若复失之毫厘，便有千里之缪矣。世间无志之人，既已见驱于声利辞章之习，间有知得自己性分当求者,又被一种似是而非之学兜绊羁縻,终身不得出头。缘人未有真为圣人之志,未免挟有见小欲速之私,则此种学问极足支吾眼前得过。是以虽在豪杰之士,而任重道远,志稍不力,即且安顿其中者多矣。"

王阳明认为,"致知"就是致自己心中内在的"良知"。"良知",就是道德意识,是每个人都具有而且能够自足,不必借助外力的内在力量。"致良知"是将良知推广到万事万物,"致"就是知行合一的过程。

王阳明和朱熹最大的分歧,是对《大学》的理解和如何实践的问题。朱熹认为格物是指真理从外部获得,王阳明则认为要求之于内心。

王阳明把"良知"提升到天理的高度,正如他在《答顾东桥书》中所说:"吾心之良知,即所谓天理也。致吾心良知之天理于事事物物,则事事物物皆得其理矣。"因此,王阳明获得了巨大的精神力量。王阳明稍后回到绍兴,所写《咏良知四首示诸生》,其实就是良知方面的阐述。其一:"个个人心有仲尼,自将闻见苦遮迷。而今指与真头面,只是良知更莫疑。"其二:"问君何事日憧憧?烦恼场中错用功。莫道圣门无口诀,良知两字是参同。"其三:"人人自有定盘针,万化根源总在心。却笑从前颠倒见,枝枝叶叶外头寻。"其四:"无声无臭独知时,此是乾坤万有基。抛却自家无尽藏,沿门持钵效贫儿。"

还有《示诸生三首》,如其一:"尔身各各自天真,不用求人更问人。但致良知成德业,谩从故纸费精神。乾坤是易原非画,心性何形得有尘？莫道先生学禅语，此言端的为君陈。"也将自己的哲学观点融入诗中。

至此，标志着王阳明正式揭开了"致良知"的一页。

三月，三十一岁的武宗死在北京的豹房中。临死前，武宗对司礼太监说："请转达皇太后，国家的重要事情，要多和阁臣商量。过去是我的错，和你们没有关系。"

四月，世宗朱厚熜登基，改年号嘉靖。朱厚熜，号尧斋、雷轩、天池钓叟，生于湖广安陆州（今湖北钟祥），宪宗朱见深的孙子、孝宗朱祐樘的侄子、兴献王朱祐杬的儿子、武宗朱厚照的堂弟。

直到此时，在王阳明等人的争取下，冀元亨才获得赦免而释放。可是冀元亨在狱中被折磨得奄奄一息，加之染上重疾，诏书下达后的第五日，竟然病死狱中。陆澄、应典等同门得到消息，帮着收殓入葬。常德府也把李氏和冀元亨的两个女儿放了出来。李氏还不知道自己丈夫已经去世，说："我相公呢？看不见我相公，你们放我出来做什么？"

王阳明听到死讯，设立牌位恸哭，此后每次提及冀元亨，都哀痛不已。他后悔自己走错了一步棋，害得心爱的学生无辜惹上牢狱之灾，以致命丧黄泉。他后来在《辞封爵普恩赏以彰国典疏》（嘉靖元年正月初十日）中写道："复有举人冀元亨者，为臣劝说宁濠，反为奸党构陷，竟死狱中。以忠受祸，为贼报仇。抱冤赍恨，实由于臣。虽尽削臣职，移报元亨，亦无以赎此痛。"

又给常德府写信，要求特别抚恤家属。

五月，王阳明来到白鹿洞宣讲心学。白鹿洞，即白鹿洞书院，历史悠久，"始于唐，盛于宋，沿于明清"，坐落在江西九江庐山五老峰上。

从上一年的九月开始，王阳明和陈九川、夏良胜、万潮、欧阳德、魏良弼、李遂、舒芬等一起，因讲心学轰动一时，但在巡按御史唐龙、督学金事邵锐的打压之下，"人多畏避"，只有少数学生能够坚持下来。

因此，王阳明向唐龙推荐弟子蔡宗兖担任白鹿洞主，唐龙以请朝廷裁决为由，写了一道奏疏上报朝廷，得到了批准。于是蔡宗兖主事白鹿洞。在王阳明的授意下，蔡宗兖到白鹿洞后高举"钦命洞主""奉官府之命行事"的大旗，为白鹿洞传播心学创造了有利条件。

于是，王阳明稳稳地坐上盟主的高坛，和诸弟子互相唱和，大力阐明心学。参与这次白鹿聚讲的人物，除了蔡宗兖，还有夏良胜、舒芬、万潮、陈九川以及邹守益等人。

唐龙也参加了这次聚讲，尽管他反对王阳明在江西传播心学和蔡宗兖入主白鹿洞书院，也曾经说过心学中人"嘐嘐于朱子之言是病，抗颜而攻之，若讼若仇然"。王阳明之所以邀请唐龙，其实是拿他做挡箭牌，而唐龙能够欣然接受，也是想在聚讲中与心学的支持者们一较高下。

一时盛会，王阳明作《白鹿洞独对亭》："五老隔青冥，寻常不易见。我来骑白鹿，凌空陟飞巘。长风卷浮云，褰帷始窥面。一笑仍旧颜，愧我鬓先变。我来尔为主，乾坤亦邮传。海灯照孤月，静对有余眷。彭蠡浮一觞，宾主聊酬劝。悠悠万古心，默契可无辩！"诗作引发众人唱和，如舒芬《过白鹿洞次韵》、邹守益《次阳明韵》等。

王阳明及门人的意图，体现在蔡宗兖的《洞规说》，这和王阳明六年前所作的《紫阳书院集序》大抵一致，主要是针对朱熹的《白鹿洞规》进行重新诠释。而唐龙亦作《次阳明韵》，说："坠续尚可寻，流风尤足劝。何如隐峰前，图书嗣讨辩。"作《又次韵》说："驻迹望冥冥，永怀中眷眷。鹿去主不归，酒热客自劝。焉得抱尘游，居吁息妄辩。"都是替朱熹进行反驳。甚至后来王阳明离开江西，唐龙作《送阳明先生还朝序》，还在劝导王阳明恪守程朱理学，"效法古训"。

王阳明白鹿洞聚讲对后世影响很大，确立了心学在书院的地位。王阳明离开后，蔡宗兖、邹守益、罗洪先、王畿等心学大家，都曾多次在此聚会、讲学。

年轻的世宗虽初登皇位，还是能够分得清善恶，得知王阳明戡乱宁王的赫赫战功，便认定是个难得的人才。六月十六日，世宗下旨："尔昔能剿平乱贼，安靖地方，朝廷新政之初，特兹召用。敕至，尔可驰驿来京，毋或稽迟。"

圣旨肯定了王阳明平乱的功绩，王阳明内心是欣慰的，何况这回起用，也就是给江彬、许泰、张忠之流一个响亮的耳光。王阳明并不贪图官职和爵位，但不能不期待一个公正的说法。这道圣旨，至少让王阳明看到了希望，也正是自己所倡导的"良知"的体现。

六月二十日，王阳明启程赶往京城。

然而，这惊动了首辅大学士杨廷和。武宗驾崩，世宗尚未登基，杨廷和总揽朝政三十七天，做了不少让人竖起大拇指的事。

首先，杨廷和借皇太后的名义，抓捕江彬。江彬身兼数职、手握重兵，是当时有心谋反且极度危险的人物。杨廷和与大学士蒋冕、毛纪等设计传懿旨将他逮住，并立即处死，果断地消除政变的隐患。余党张忠、许泰之流也一并缉拿，或处死，或充军。

第二，杨廷和用武宗遗诏的说法，改革旧政。武宗死后，杨廷和立即撤掉豹房，里面的番僧、少林僧、乐工、各色女子等一律遣散，同时释放无辜下狱的官民。卫戍京师的边防将士全部调回原来的防区，又停止各种大兴土木的奢华工程等。

最为重要的，杨廷和会同皇太后选定新皇帝。武宗既没有儿子，也没有嫡亲兄弟，杨廷和根据《皇明祖训》中"兄终弟及"的原则，选定兴献王之子朱厚熜继承皇位，并得到张太后的首肯。

当然，杨廷和也借机打压政治对手，将六部尚书全部换人，尽管如此，世宗也得敬他几分。现在世宗要起用王阳明，杨廷和是有顾虑的。他担心王阳明会因为戡乱的功劳"入阁为相"，削弱自己的影响，成为自己日后的政敌。想想也是，王琼从吏部尚书升为内阁大学士，就被杨廷和视为对手。杨廷和总是找机会打击、陷害对方，并以"交结内侍"的罪名将王琼投入大狱，虽然后来查无实据，还是被谪居绥德五年，最后还籍为民。

王阳明的到来，杨廷和自然要防患于未然。他对世宗说，朝廷新政刚刚开始，武宗的丧事还没有办理，平叛行赏的事情，应当押后再议。言辞委婉而又有分寸，世宗觉得有理，传旨说，王阳明就不用急着进京了，先回去吧。

尚在半路的王阳明只得返程，也很快知道了事情的来龙去脉。走官道返回要经过钱塘，离家没有多少路程，于是，王阳明上《四乞省葬疏》（十五年闰八月二十日）：

"……臣之痛苦，刻骨剜心，忧病缠结，与死为邻，已无足论；而臣父衰疾日亟，呻吟床席，思臣一见，昼夜涕洟，每得家书，号恸颠殒，苏而复绝。夫虎狼恶兽，尚知父子；乌鸟微禽，犹怀反哺。今臣父病狼狈至此，惟欲望臣一归，而臣乃依依贪恋官爵，未能决然逃去，是禽兽之不若，何以立身于天地乎！夫人之大伦，内则父子，外则君臣。事君以忠，事父以孝；不忠不孝，为天下之大戮。纵复幸免国宪，然既辱于禽兽，则生不如死。臣之归省父疾，在朝廷视之，则一人之私情，自臣身言之，则一生之大节。往者宁藩之变，臣时欲归省父疾。然宗社危急，呼吸之间，存亡攸系，故臣捐九族之诛，委身以死国难。时则君臣之义为重。今国难已平，兵戈已息，臣待罪巡抚，不过素餐尸位，以苟岁月。而臣父又衰老病笃若此，尚尔贪恋禄位而不去，此尚可以为子乎！不可以为子者，尚可以为臣乎！臣今待罪巡抚，若不请而逃，窃恐传闻远迩，惊骇视听。夫人臣死君之难，则捐其九族之诛而不恤，至其急父之危，则亦捐其一身之戮而不顾。今复候命不至，臣必冒死逃归。若朝廷悯其前后恳迫之情，赦而不戮，臣死且图衔结。若遂正以国典，臣获一见老父而死，亦瞑目于地下矣。

臣不胜痛陨苦切，号控哀祈之至，除冒死一面，移疾舟次，沿途问医，待罪候命外，缘系四乞天恩，归省父疾，回籍待罪事理，为此具本奏闻。"

这次上疏，得到世宗的恩准，还得感谢杨廷和帮了大忙。不过，世宗还给了王阳明一个虚职：升王守仁为南京兵部尚书，参赞机务。也可见世宗是看重王阳明的。

终于可以回家了，王阳明感慨万千之余，心情也舒展了一些。

八月，王阳明从杭州回到绍兴。五年来，自己对家人魂牵梦萦，家人为自己担惊受怕，这一切的一切，都在踏进家门那一刻，化作两行热泪长流。七十六岁的王华身患重病，很长一段时间卧床不起了，一直都是儿媳诸氏在侍候。看着眼前的儿子，已经非常有出息，王华老怀堪慰。

这几年，各种不利于王阳明的消息传来，岑太夫人在世时，王华都做好了遁隐的准备。岑太夫人去世后，王华对任何状况都能坦然面对了。现如今，改朝换代，儿子的冤屈也尽数洗去，只是，疾病让他力不从心，唯有两行老泪相对。

九月底是王华的寿辰，因为担心父亲的身体，王阳明决定推迟做寿，所以在月初就赶到余姚祭祖。王家亲族祖坟位于余姚东郊九里山，祖父王伦、祖母岑太夫人、母亲郑老夫人，都埋葬在此。孝慈持家在王家世代相传，岑太夫人去世，王华就是睡草榻、吃蔬食，出殡时赤足草鞋扶柩，沿途哀号跪拜九里，以至染病在床。

拜祭了祖坟，王阳明重访自己的出生地瑞云楼。众人陪同王阳明来到藏胎衣处，让王阳明想起老母不及奉养，祖母不及亲殓，不禁洒泪良久。瑞云楼，王阳明在这出生，钱德洪也在这出生，师徒二人，共诞一室。钱德洪后来在《瑞云楼记》中写道："瑞云楼者，吾师阳明先生降辰之地也。楼居余姚龙山之北麓，海日公微时，尝僦诸莫氏以居……及先生贵，乡人指其楼曰'瑞云楼'。……弘治丙辰，某亦生于此楼，及某登进士，楼遂属诸先子。"

王阳明一生弟子数千人．有姓名可考的有四百一十多人，可谓桃李遍天下。他赏识和钟爱的，有徐爱、冀元亨、钱德洪、王畿等人。钱德洪，本名宽，字德洪、洪甫，因余姚城内有龙泉山，又名灵绪山，于是就以绪山为号。不久，王阳明在龙泉山中天阁收徒讲学，钱德洪也就是在这时候拜师的。

钱德洪率内侄及同乡七十四人，迎请王阳明登临中天阁，举行拜师仪式。后来，钱德洪也在这里开辟讲堂，研习心学。王阳明丁忧居家期间，也亲自前来讲课。王阳明特意为学生制定学规，名曰《书中天阁勉诸生》（乙酉），并亲自书写在墙壁上：

"'虽有天下易生之物，一日暴之，十日寒之，未有能生者也。'承诸君之不鄙，每予来归，咸集于此，以问学为事，甚盛意也。然不能旬日之留，而旬日之间，又不过三四会。一别之后，辄复离群索居，不相见者动经年岁。然则岂惟十日之寒而已乎？若是而求萌蘖之畅茂条达，不可得矣。故予切望诸君勿以予之去留为聚散。或五六日、八九日，虽有俗事相妨，亦须破冗一会于此。务在诱掖奖劝，砥砺切磋，使道德仁义之习日亲日近，则世利纷华之染亦日远日疏，所谓"相观而善，百工居肆以成其事"者也。相会之时，尤须虚心逊志，相亲相敬。大抵朋友之交，以相下为益。或议论未合，要在从容涵育，相感以诚，不得动气求胜，长傲遂非。务在默而成之，不言而信。其或矜己之长，攻人之短，粗心浮气，矫以沽名，讦以为直，挟胜心而行愤嫉，以圮族败群为志，则虽日讲时习于此，亦无益矣。诸君念之念之！"

古人注重师友间的交流切磋，深知其中好处的王阳明，借此机会寄语学生们：希望坚持定期聚会，在交流中相互学习、促进。同时告诫学生，聚会交流一定要诚恳虚心，不能争强好胜、恃才傲物。

所以王阳明在文中说，不要因为我回来了才举行聚会，应该每隔五六天或者七八天就要排除杂事来相聚。聚会的宗旨是互相诱导、勉励，不要被世俗名利浸染。因而再三强调，观点不合的时候，要能彼此包容，以诚感化，不能争胜负，尤其不要用言语使别人信服。

父亲卧病在床,王阳明在余姚也不敢久留,很快就回到了绍兴。

十二月,王华身体好转了一些,王阳明便给父亲大办寿宴,亲朋好友聚集,十分热闹。此时忽然圣旨来到:"江西反贼剿平,地方安定,各该官员,功绩显著。你部里既会官集议,分别等第明白。王守仁封新建伯,奉天翊卫推诚宣力守正文臣,特进光禄大夫、柱国,还兼南京兵部尚书,照旧参赞机务,岁支禄米一千石,三代并妻一体追封,给予诰券,子孙世世承袭。正德十六年十二月十九日,准兵部吏部题。"

这道圣旨,给了王阳明一个公正的结论。而且朝廷还专门派人慰劳,并赐给王华羊酒。宴会上众人都觉得这是双喜临门的大好事。

然而王华不这么认为,当王阳明敬酒祝寿时,王华皱起眉头说:"当年朱宸濠作乱,我们都以为你死于国难,但是你活得好好的。而朱宸濠叛乱我们认为不是那么容易平定的,但你竟然将他们平定了。接着因为小人的诬陷,前后两年时间,我们以为你不能够逃过这一劫难,但是上天开眼,还是渡过了难关,不但高官厚爵,还父子团聚,大家引以为荣,我怎么不觉得这是天大的荣幸呢!古人说盛极必衰,福是祸的根源,今天虽然荣幸,我为什么内心非常恐惧。"

王阳明听了,连忙跪拜说,父亲教训的是,儿子必定牢记在心。在座的宾客听后，不禁感叹：老爷子这是居安思危，是"盈虚"的警诫啊。

守制传道

嘉靖元年（1522年）正月初十日，王阳明向朝廷上《辞封爵普恩赏以彰国典疏》，请求辞去封赏。疏中说道："夫殃莫大于叨天之功，罪莫大于掩人之善，恶莫深于袭下之能，辱莫重于忘己之耻。四者备而祸全，故臣之不敢受爵，非敢以辞荣也，避祸焉尔已。"只是这类上疏，吏部基本上都当作客套之辞来看待，是断然不会呈送给皇帝批阅的。

二月，王华病情越发危重，王阳明和弟弟们日夜轮流守护在身边，到十二日，王华告别人寰，享年七十七岁。王阳明强忍心中悲痛，告诫家人要忍住啼哭，把丧事的各种准备工作料理完毕，然后才高声号哭倾诉哀悼之情。王阳明痛哭之下，竟也倒下一病不起，只得让门下弟子来经办丧事，根据各人的才能做出适当的分派。

仙居人金克厚，为人谨慎忠诚而且十分可靠，就让他负责总管后厨。金克厚对于经手的所有物品，都要认真检查核对，稍微有不符合的地方，就立刻追索归还，内外事务都处理得井井有条，既不奢侈也不吝啬。那时候浙江的风俗，大户人家的丧事，礼堂必须陈列得风风光光。吊唁的客人来了，先上糖果茶点，然后白酒菜肴，才算得上合乎礼仪而有面子。这种恶俗，王阳明一律革除，寻常来吊唁的客人，只准备素食招待。只有年尊派长和远道来宾，才添加两样肉食。王阳明这种移风易俗的做法，后来还被湛若水写信责备了一番，而王阳明却没有辩解。

丧礼进行中，朝廷也派来使者吊唁。王华门生陆深作《海日先生行状》，王华好友杨一清撰《海日先生墓志铭》。

百日以后，丧礼完毕，金克厚倒是从这次的"监厨作业"中，体会到许多实践心得。因此后来读书、科考，都参照自己监厨的做法，竟然事事顺利，当年秋试中举、次年春试进士。金克厚以此作为独得的秘方，曾私下和钱德洪谈及，钱德洪说："先生以前就经常说'学必操事而后实'，果然这才是最好的教化啊。"在此期间，黄绾也拜入王阳明门下，成为正式的弟子。

七月，王阳明上《再辞封爵普恩赏以彰国典疏》："……臣以积恶深重，祸延先人，臣方茕然瘠疚，仅未殒绝。闻命悸栗，魂魄散乱。已而伏块沈思，臣以微劳，冒膺重赏，所谓叨天之功，掩人之善，袭下之能，忘己之耻者，臣于前奏已具陈之矣。……然则凡在与臣共事者，皆有忠义之诚者也。夫均秉忠义之诚以同赴国难，而功成行赏，臣独当之，人将不食其余矣。此臣所为不敢受也。……伏愿陛下鉴臣之言，不以为夸也，而因以察诸臣之隐；允臣之辞，不以为伪也，而因以普诸臣之施。果以其赏在所薄与,则臣亦不得而独厚;果以其赏或可厚与,则诸臣亦不得而遂薄也。江西同事诸臣,臣于前奏亦已略举;且该部具有成册可查,不敢复有所尘渎。臣在衰绖忧苦之中,非可有言之日,事不容已而有是举,不胜受恩感激,含哀冒死,战栗惶惧,恳切祈望之至!"此道上疏,朝廷也没有允许。

九月,王阳明按父亲生前喜爱,就近筑墓在绍兴城南的石泉山,并将生母郑夫人的灵柩迁来合葬。

王阳明丁忧期间,朝廷却有一件大事正在发生,就是嘉靖初年的"大礼议"。

武宗驾崩,杨廷和与皇太后张氏,按《皇明祖训》"兄终弟及"原则,选定朱厚熜继位,原本是符合纲常伦理的。宪宗有十四个儿子,第三子是孝宗,第四子是兴献王。弘治七年(1494年),兴献王离开皇权中心北京,到他的封地安陆州(今湖北钟祥)就任藩王。杨廷和起草的遗诏这样写道:"皇考孝康敬皇帝亲弟兴献王次子,聪明仁孝,德器夙成,伦序当立,已遵奉祖训兄终弟及之文,告于宗庙,请于慈寿皇太后,与内外文武群臣合谋同词,即日遣官迎取来京,嗣皇帝位。"

朱厚熜此时只有十五岁,这个年纪对杨廷和来说尤为关键,皇帝才十五岁,意味着杨廷和还可以继续处在权力核心,甚至独揽朝政。只是,年少的朱厚熜不只像遗诏中所说的"聪明仁孝",而且还少年老成极为精明强悍。如果把他当作孩子看待,那就大错特错了。

三月十五日，杨廷和派定国公徐光祚、张太后胞弟寿宁侯张鹤龄、驸马都尉崔元、大学士梁储、礼部尚书毛澄、太监谷大用等到安陆迎接朱厚熜。四月二十二日，朱厚熜抵达北京。

按杨廷和和礼部此前所议定，朱厚熜由东安门入城。可朱厚熜一听，叫停队伍不肯前行，因为东安门是给皇太子进出的，朱厚熜认为自己奉诏承位，没理由还要先当一回皇太子。杨廷和给出的理由却是"继统须继嗣"，但诏书上写的是"嗣皇帝位"，因此朱厚熜坚持要走大明门进奉天殿。十五岁的朱厚熜不简单啊，懂得皇宫的规矩，而且坚决不肯做出让步。杨廷和和张太后也拿他没了办法，只得同意朱厚熜走正门。

接着，杨廷和和礼部议好的年号"绍治"，朱厚熜也没有接受。绍治取意继承弘治，朱厚熜说不如《尚书》中的"嘉靖殷邦"，就用嘉靖作为年号。

四月二十七日，太和殿议事，商讨武宗谥号以及世宗生父兴献王的主祀和封号。杨廷和等朝官认为，世宗由小宗进入大宗，就要以孝宗为皇考，兴献王改称"皇叔考兴献大王"，母妃蒋氏为"皇叔母兴国大妃"，祭祀亲生父亲时要自称"侄皇帝"。

当了皇帝，连自己的亲生父母都不能认了，这是世宗不能接受的。可杨廷和等以汉定陶王和宋濮王为例，并称："朝臣中如有异议，即为奸邪，当斩！"势单力孤的世宗非常无奈，于是用示好和赏赐的方式，想拉拢杨廷和和礼部尚书毛澄，偏偏两人不为所动。

正好此时世宗的母亲蒋氏奔赴京城,到了通州听说朝官们逼迫儿子认孝宗为父,怒道:"我的儿子怎么能够成为别人的儿子?"于是留在通州,不肯赶往北京。世宗得知情况后,表示要放弃帝位,陪同母亲一起回安陆。

杨廷和只好退让,草拟奏折:"本生父兴献王宜称兴献帝,母宜称兴献后。"但必须尊孝宗为皇考,这是杨廷和的底线了。于是,世宗勉强表示同意,蒋氏也答应动身进京。

七月初三,世宗收到观政进士张璁的《议大礼疏》,一度趋于平静的朝廷,新的风雨顿时扑面而来。张璁,字秉用,号罗峰,后为避御讳,世宗赐名"孚敬",字茂恭,浙江温州府永嘉人,祖籍福建莆田,正德十六年(1521年)进士。

张璁在上疏中说:"朝廷议政的时候说皇上入嗣大宗,应当称孝宗皇帝为皇考,改称兴献王为皇叔父、兴献王妃为皇叔母的事情,不过就是拘泥在汉定陶王、宋濮王的事情上,称在他人之后(继位)就要成为他人的儿子,不能够再顾及本人亲生父母的关系而已。只是普天之下怎么能存在没有亲生父母的国家啊!我在大清忝为一官,对这种说法感到非常痛心,不得不站出来替皇上来辩明这件事情。"接着又说:"臣都太祖的训诫有说:'凡朝廷无皇子,必兄终弟及。'……现在武宗没有子嗣,位次在后的亲属优先,所以世宗才能君临天下,这就好比高皇帝亲自授予今上皇位了。所以遗诏中说得很明白:'兴献王子伦序当立。'一开始就没有明确说明是作为孝宗的后人(来继承皇位),和预先立为子嗣养在宫中的相比,于公于私实在是明显不一样。"

世宗读罢上疏，说："有这样的议论，我们父子的关系就能够保全了。"已经退休的杨一清也曾评价说："张璁的这番议论，就是圣人重新出现，也是不能够改变的！"

世宗要召见张璁，杨廷和反对，只给张璁安排了一个南京刑部主事的闲职。而此时的南京卧虎藏龙，有南京都察院御史黄绾、南京兵部侍郎席书、南京刑部员外郎方献夫、刑部主事桂萼，后来还有黄宗明和霍韬。

北京正争论不休，而会稽山下，鉴湖之畔，却成了王阳明心学的一方热土。但让王阳明心寒的是，朝廷有一股诽谤心学的暗流。大礼议序幕拉开，杨廷和本来就自顾不暇，却还有心思压制王阳明。

秉承杨廷和的旨意，御史程启充、给事毛玉上疏，要求遏止王阳明的"伪学"。刑部主事陆澄虽然在大礼议中支持杨廷和，但对王阳明心学还是给予肯定的，所以他上疏皇上，为王阳明心学六辩。

对王阳明心学的谤议，也涉及科举。这年会试，南宫策士以讥笑心学为题，让举子撰文应答。王阳明的学生徐珊，也在这次应试之列，一看试题《策问》是以讥讽心学为题，愤然掷笔离去。学生欧阳德、王臣、魏良弼，在试题上大做心学的正面文章，居然也录取了。钱德洪、王畿放弃参加廷试，返回绍兴，王阳明得知后，说："圣学从此大明矣。"

尽管如此，慕名而来的学生还是源源不断，王阳明只得在家门口贴上告示,希望求学者自己回家研读四书五经。然而,还是不能劝说前来求师求教的人离去,王阳明只好又授徒讲学。

海宁有个诗人叫董沄,号萝石,此时已经六十八岁,而且自视甚高,有一天来到会稽游玩,听说王阳明在此讲学,便来求见。他大摇大摆走进王家大院,先是作揖报上姓名,然后径自走到上座落座。王阳明也不在意,以礼相待,和他交谈。一天谈话下来,董沄起身站在王阳明面前,倒头便拜王阳明为师。王阳明无奈之下只好答应,便和门生陪董萝石观赏山水,作诗论道。董老先生不肯回家,说:"我才从苦海中逃离,就像在云霄中翱翔,正快乐无比,怎么能再次投入罗网而陷入樊笼呢?我要做我喜欢的事!"他还为自己取个了"从吾道人"的字号。王阳明非常感动,特意为他写了一篇《从吾道人记》。

嘉靖二年(1523年)的陪都南京,可谓异常活跃,张璁他们经常聚集在一起,谈论"大礼议"之事。虽然上疏基本上都被吏部压住,但他们不改初衷没有停歇。

九月,王阳明改葬父亲王华在天柱峰,改葬母亲郑老夫人在徐山。

十一月,张璁、桂萼又上疏"礼议",身心疲惫的杨廷和深感力不从心,于是提出致仕的请求。世宗虽然感到意外,但还是顺水推舟,批准了请求。接着,张璁、桂萼先后上调入京,由大学士入内阁,官运亨通。然而,坚守纲常伦理的官员们还是不肯罢休,没有了杨廷和的支持,争论却还在继续。

嘉靖三年（1524年），王阳明在绍兴聚众讲学，声势颇大。南大吉，字元善，号瑞泉，陕西渭南人，渭阳公南金长子，正德六年（1511年）进士，嘉靖二年（1523年）以户部主事、员外郎调任绍兴府知府。他在任期间，为民众做了不少实事，颇有政声。

南大吉早就听说王阳明，正月，他也前来拜访，两人聊得非常投机。南大吉问："卑职执政期间有不少过错，为什么没有听到先生说过一句？"王阳明反问："到底有哪些过错？"南大吉反省了自己的不足。王阳明笑着说："这些我早就说过了。"南大吉很奇怪，问："先生是什么时候对我说的？"王阳明反问："你是怎么知道自己这些过错的？"南大吉回答："是良知告诉我的。"王阳明微笑着说："良知不就是我的学说所主张的吗？"南大吉恍然大悟。过了几天，南大吉便拜王阳明为师。自此之后，南大吉不仅听王阳明讲课，还帮着协调、谋划讲学的组织和开展。

晚年时期的学生中，钱德洪、王畿深受王阳明喜爱。两人都勤奋好学，而且仕途上同样非常曲折。他俩同时赴京参加春试，考中后都放弃了殿试返回绍兴。后来入仕，耿直刚正的钱德洪曾蒙冤下狱，削职为民；王畿因学术思想被首辅夏言排挤打压而罢官，因此周游各地以讲学为主。两人的差异：钱德洪像徐爱，资质很是一般，但恪守师训；王畿豪迈不羁，爱思考，也敢于质疑王阳明。王阳明热爱山水，钱德洪号"绪山"，王畿号"龙溪"，一山一水，这也是一种巧合吧。

新到门下的学子，王阳明一般是不见的，让钱德洪、王畿等人先引导一番，确定是有志专心求学，王阳明才接见。见面的时候，王阳明也只是和他们焚香相对默坐，并不言语。这种"哑巴教育"，是王阳明别具匠心的做法，学子倘若心不能归在一处，和他们说什么都是听不进去的。

与绍兴的学术之风形成鲜明对比的是朝廷"大礼议"的钩心斗角。身边学生问他如何看待大礼议，远方的学生也纷纷来信询问他对大礼议的态度，王阳明都缄默不言。

四月，王阳明守丧期满，除服，但丁忧三年尚未到期。

七月，北京大礼议的决战终于爆发。十二日，世宗诏谕礼部，十四日为父母上册文（诰命文字的一种，祭告、上尊号及诸祀典，都会用到），祭告天地和宗庙。

退朝出来，兵部尚书金献民认为事关社稷，不能就此放弃而不争辩。吏部左侍郎何孟春提到宪宗时因为慈懿皇太后钱氏的下葬礼节，文武百官在文华门哭请，宪宗最后采纳了朝臣们的意见。杨廷和之子、状元杨慎接着振臂高呼："国家养了我们这些士人，就应当为了节操大义而不顾惜项上头颅，大家同心协力奋力一搏，成功与否就在此一举。"

编修王元正、给事中张翀在金水桥南拦住文武百官，要求大家一起死谏。于是，几百位大臣跪伏在左顺门，高喊、哭泣，恳请世宗改变旨意。

世宗大怒，下令锦衣卫逮捕为首的八人。百官不服，继续跪伏大哭。世宗再下令,抓捕五品以下官员一百三十四人关入大牢待审,四品以上官员八十六人停职等待处罚。

二十日,世宗下旨:四品以上官员剥夺俸禄,五品以下官员当廷杖责,廷杖致死官员十六人。杨慎、王元正带头闹事,发配边疆,毛纪、石珤等削职为民。如此,大礼议事件告一段落,朝廷百官一败涂地……

中秋之夜,明月高悬,王阳明在天泉桥设宴,与一百多学子欢度佳节。

天泉桥,经考古证实,位于绍兴今越城区北海街道王阳明故居前的碧霞池上,当地人称碧霞池俗名王衙池,池上有座桥,名叫天泉桥。王阳明当年喜欢在天泉桥思考问题,王畿、钱德洪曾在此和王阳明讨论"四句教",即"无善无恶是心之体,有善有恶是意之动;知善知恶是良知,为善去恶是格物",史称"天泉证道"。

当时的盛况,现在无法还原,但能从王阳明的诗作中体会并找到一些蛛丝马迹。《月夜二首》(与诸生歌于天泉桥)其一:"万里中秋月正晴,四山云霭忽然生。须臾浊雾随风散,依旧青天此月明。肯信良知原不昧,从他外物岂能撄!老夫今夜狂歌发,化作钧天满太清。"这是对聚会场景和心情的刻画。其二:"处处中秋此月明,不知何处亦群英?须怜绝学经千载,莫负男儿过一生。影响尚疑朱仲晦,支离羞作郑康成。铿然舍瑟春风里,点也虽狂得我情。"更多的是因为自己学说的感慨和寄托。

酒宴散去，王阳明独坐面对碧霞池，眼前一片恬静，又吟出一首《碧霞池夜坐》："一雨秋凉入夜新，池边孤月倍精神。潜鱼水底传心诀，栖鸟枝头说道真。莫谓天机非嗜欲，须知万物是吾身。无端礼乐纷纷议，谁与青天扫宿尘？"

静谧的夜晚，遥望北方，大礼议在纷争中终于落下帷幕，虽然王阳明并未发表只言片语，但在诗的最后感叹"无端礼乐纷纷议，谁与青天扫宿尘？"这就是王阳明的态度！

九月，世宗修订大礼，改称孝宗为皇伯考、父亲兴献王为皇考，并编订《大礼集议》《明伦大典》。大礼议最终以世宗全面胜利而结束。

致仕的杨廷和除了悲愤难平，就只能发出一声长长的叹息了，世宗朱厚熜可是他和张太后选定的啊。张太后也不再是母后了，取代她位置的是蒋太后。儿子杨慎，在大礼议事件后发配云南，属于永不录用与仕途告别的一类，他的命运，正如他所写的那样："滚滚长江东逝水，浪花淘尽英雄。是非成败转头空。青山依旧在，几度夕阳红。"杨慎，字用修，号月溪、升庵、逸史氏、博南山人、洞天真逸、滇南戍史等，四川新都（今成都新都）人，祖籍庐陵，正德六年（1511年）状元。

大礼议的对错，似乎不会有一个准确的说法。在纲常和伦理之间，并没有合理的平衡点，最后胜利只能是权力天平的倾斜。说到底，大礼议的争论，既是内阁和皇权的角逐，也是保守派和改革派的竞争，当然，从另一个方面来说，更是程朱理学和阳明心学的对抗。

但是,王阳明却在这场胜利后的几年内,并没有被提拔起用。王阳明的弟子和朋友,如方献夫、席书、霍韬、黄宗明、黄绾等,都是在大礼议中支持世宗的得力干将,如乔宇、邹守益、陆澄、舒芬,又是支持杨廷和的。而张璁和桂萼等飞黄腾达的朝廷新贵,史称"议礼骤贵",后来对王阳明心学也是处处打击,并提出"伪学之禁",尤其是桂萼,在王阳明晚年时没少捅刀子。

在世宗面前,席书、方献夫、黄绾等人,是真心帮王阳明说话的。席书说:"生在我之前的就看到一个人,是杨一清;生在我之后的也就看到一个人,是王守仁。"方献夫说:"平定叛乱救济时艰,只有王守仁才能够做到。"然而,世宗没有接受他们的推荐。

几年后,王阳明给霍韬写过一封回信,即《与霍兀崖宫端》(丁亥),是唯一能够看出他对大礼议事件态度有所暗示的文字:

"往岁曾辱《大礼议》见示,时方在哀疚,心善其说而不敢奉复。既而元山亦有示,使者必求复书,草草作答。意以所论良是,而典礼已成,当事者未必能改,言之徒益纷争,不若姑相与讲明于下,俟信从者众,然后图之。其后议论既兴,身居有言不信之地,不敢公言于朝。然士夫之问及者,亦时时为之辨析,期在委曲调停,渐求挽复,卒亦不能有益也。后来赖诸公明目张胆,已申其义。然如倒仓涤胃,积淤宿痰,虽亦快然一去,而病势亦甚危矣。今日急务,惟在扶养元气,诸公必有回阳夺化之妙矣。仆衰病陋劣,何足以与于斯耶!数年来频罹疾构,痰嗽潮热，日益尫羸，仅存喘息，无复人间意矣。乃者忽承两广之推，岂独任非其才，是盖责以其力之所必不能支，将以用之而实以毙之也。恳辞疏下，望相与扶持曲成，使得就医林下。幸而痊复，量力图报，尚有时也。"

在大礼议事件早已结束后提及这些，倾向性其实比较明显。虽然王阳明评价大礼议"心善其说""所论良是"，也指出应该"委曲调停，渐求挽复"。只是现在局势已经有了结果，但明朝的元气受到损害，需要"扶养元气""回阳夺化"……

说到底，面对这样的事件，是需要一种境界的，那就是良知。

十月，南大吉在薛侃首刻《传习录》三卷的基础上，续刻增至五卷，钱德洪在序言中说："先生刚刚回到宁波的时候，朋友来拜访的很少，此后各地前来的游学者每天都有增加。癸未年（1523年）之后，环绕着先生而住在附近的比比皆是，像天妃、光相等庙宇，每一间房子里面，常常合住着几十个人，到了晚上还没地方睡觉，只能轮流睡一会，从早到晚都有人在歌唱诗词。南镇、禹穴、阳明洞等山上不论远近的各个庙宇，只要是双足能够走到的，不外乎都是学子们临时的住所。先生每次讲学，前后左右围绕着听学的人，经常都是好几百个。……都无法记住他们的姓名了。每次送别学生，先生经常感叹：'你们虽然离开了，也还是在这人世间，只要大家都有着相同的志向，我也可以高兴到失去常态。'……也曾听到同门的先辈学兄说：'此前的南京，朋友之间一起游学的虽然也很多，但从来没有像现在这样在宁波盛大的情况。'"南大吉所增刻《传习录》部分,可以说确立并完善了"良知"这一道德本体。

王阳明也为南大吉的府衙"亲民堂"撰写《亲民堂记》(乙酉),开篇明义,"政在亲民""在明明德""在亲民"。继而解释:"明德者,天命之性,灵昭不昧,而万理之所从出也。人之于其父也,而莫不知孝焉;于其兄也,而莫不知弟焉;于凡事物之感,莫不有自然之明焉:是其灵昭之在人心,亘万古而无不同,无或昧者也,是故谓之明德。其或蔽焉,物欲也。明之者,去其物欲之蔽,以全其本体之明焉耳,非能有以增益之也。""德不可以徒明也。人之欲明其孝之德也,则必亲于其父,而后孝之德明矣;欲明其弟之德也,则必亲于其兄,而后弟之德明矣。君臣也,夫妇也,朋友也,皆然也。故明明德必在于亲民,而亲民乃所以明其明德也。"

在王阳明眼里,明德、亲民,就是修心和实践,这首先是有机的整体,不能单方面修心或者实践,也不能强行结合在一起。修心就是实践,实践就是修心,这才是致良知的准则。

王阳明又为稽山书院尊经阁撰写《尊经阁记》(乙酉),后来收入《古文观止》,其中写道:"……盖昔者圣人之扶人极,忧后世,而述六经也,犹之富家者之父祖虑其产业库藏之积,其子孙者或至于遗忘散失,卒困穷而无以自全也,而记籍其家之所有以贻之,使之世守其产业库藏之积而享用焉,以免于困穷之患。故六经者,吾心之记籍也,而六经之实则具于吾心,……六经之学,其不明于世,非一朝一夕之故矣。尚功利,崇邪说,是谓乱经;

习训诂，传记诵，没溺于浅闻小见以涂天下之耳目，是谓侮经；侈淫辞，竞诡辩，饰奸心，盗行逐世，垄断而自以为通经，是谓贼经。……越城旧有稽山书院，在卧龙西冈，荒废久矣。郡守渭南南君大吉既敷政于民，则慨然悼末学之支离，将进之以圣贤之道。于是使山阴令吴君瀛拓书院而一新之，又为'尊经'之阁于其后。曰：'经正，则庶民兴；庶民兴，斯无邪慝矣。'阁成，请予一言以谂多士，予既不获辞，则为记之若是。呜呼！世之学者既得吾说而求诸其心焉，其亦庶乎知所以为尊经也矣。"

然而，没过多久，南大吉因行事秉直公正触犯权贵，加之跟随王阳明倡导并推广"心学"，遭人谤告被罢官。送别南大吉，王阳明依依不舍，徒添感慨。南大吉回到渭南，建造湭西书院，传道授业，还经常给王阳明写信，交流探讨。王阳明感叹地说："这如果不是真正有'朝闻夕死'志向的人，是不能够做到的。"

王阳明有《答南元善》（丙戌）一文："别去忽逾三月，居尝思念，辄与诸生私相慨叹。……世之高抗通脱之士，捐富贵，轻利害，弃爵禄，决然长往而不顾者，亦皆有之。彼其或从好于外道诡异之说，投情于诗酒山水技艺之乐，又或奋发于意气，感激于愤悱，牵溺于嗜好，有待于物以相胜，是以去彼取此而后能。及其所之既倦，意衡心郁，情随事移，则忧愁悲苦随之而作。果能捐富贵，轻利害，弃爵禄，快然终身，无入而不自得已乎？……故凡有道之士，其于慕富贵，忧贫贱，欣戚得丧而取舍爱憎也，若洗目中之尘而拔耳中之楔。其于富贵、贫贱、得丧、爱憎之相值，若飘风浮霭之往来变化于太虚，而太虚之体，固常廓然其无碍也。……关中自古多豪杰，其忠信沉毅之质，明达英伟之器，四方之士，吾见亦多矣，未有如关中之盛者也。然自横渠之后，此学不讲，或亦与四方无异矣。自此关中之士有所振发兴起，进其文艺于道德之归，变其气节为圣贤之学，将必自吾元善昆季始也。今日之归，谓天为无意乎？谓天为无意乎？

"元贞以病，不及别简，盖心同道同而学同，吾所以告之亦不能有他说也。亮之亮之！"

得到王阳明的勉励，南大吉有诗示门人："昔我在英龄，驾车词赋场。朝夕工步骤，追踪班与杨。中岁遇达人，授我大道方。归来三秦地，坠绪何茫茫。前访周公迹，后窃横渠芳。愿言偕数子，教学此相将。"所谓达人，指的就是王阳明。

嘉靖四年（1525年）正月，王阳明夫人诸芸病逝。夫妻一起生活三十七年，王阳明相关的历史资料中，提到诸氏的笔墨很少，但民间流传了不少逸闻。

诸氏贤惠，一直精心照料着王阳明的饮食起居。遗憾的是，诸氏不育，没有给王阳明留下一子一女。"不孝有三，无后为大"，因而诸氏常为此内疚。

此外，诸氏也有刚烈的一面。当年在丰城的赣江边，宁王追兵将至，王阳明须坐小舟先行，面对妻儿犹疑不决。诸氏拔出剑来，说，如有变故，以此剑自尽。王阳明离开吉安，诸氏就做好了战事一旦失利就自焚与先生殉国的准备。邹守益得知消息，也让夫人到吉安，随时同赴国难。此事，钱德洪在王阳明《寓赣州上海日翁手札》的跋中有记录。

四月，诸氏的丧事办完，祔葬在徐山。

席书，字文同，号元山，四川潼川州遂宁人，弘治三年（1490年）进士。在"大礼议"后授礼部尚书，成为世宗的亲信。嘉靖三年（1524年），大同发生兵变，哗变士兵杀害了巡抚张文锦、毁坏了总兵官江桓的大印，还把将领朱振从监狱中放出来接替江桓的职务。世宗准备迁就哗变士兵的要求，席书上疏反对，并引发和费宏等内阁大臣的争论。席书又上疏推荐杨一清、王守仁进入内阁，说如果不起用王守仁，只怕朝堂之上没有人能够商讨军国大事，平定天下叛乱。但世宗认为提出解决问题的策略才是大臣应该做的事情，而不是节外生枝拿才能高低来当作借口，席书的提议被否决。

六月，席书继续推荐。八月，御史石金也联合部分官员推荐。最终，杨一清得到起用，很快就召还进京成为内阁大学士，继而成为首辅。

对于王阳明入阁的提议，杨一清有自己的考虑，他上疏说："王守仁的才能固然能够起用，但是喜欢穿戴古人的衣服和帽子，谈论新的学说，大家因此多用异样的眼光看待他。恐怕不适合进入内阁，但是仍然可以担任兵部尚书。"光禄寺少卿黄绾觉得这样不公平，又进言起用王阳明，并说不管是才能还是德行，王阳明都能够担任内阁辅臣。桂萼得知黄绾在推荐起用王阳明,将黄绾大骂一顿,暗地里又向世宗进言,铺陈王阳明的诸多不是,以"伪学举劾"。于是,世宗没有同意起用"着古衣冠、讲新道学"的王阳明。

九月,王阳明到余姚给祖坟扫墓,还特意祭奠徐爱:"呜呼曰仁!别我而逝兮,十年于今。葬兹丘兮,宿草几青。我思君兮一来寻,林木拱兮山日深,君不见兮,窅嵯峨之云岑。四方之英贤兮日来臻,君独胡为兮与鹤飞而猿吟?忆丽泽兮欷歆,莫椒醑兮松之阴,良知之说兮闻不闻?道无间于隐显兮,岂幽明而异心!我歌白云兮,谁同此音?"接着,又在龙泉山中天阁会见了门下弟子,决定每月在中天阁授课四次。

十月,王阳明在绍兴光相桥东开办阳明书院。众多读书人从全国各地涌向绍兴,时称"四方鸿俊,千里负笈,汉氏以来,未有此盛"。在世宗和一些高官显贵打压心学的环境下,这种不可抗拒的求学现象,足见王阳明心学在当时的魅力。

嘉靖五年(1526年),王阳明在书院系统地讲授心学理论。

二月,王阳明为夫人守丧一年期满,娶张氏续弦。男权社会,王阳明对不能生育的妻子不离不弃,也是良知的体现。

十一月,张氏给王阳明生下一个大胖儿子。一时王家大院喜气洋溢,贺者络绎不绝。老来得子,人生一大快事,王阳明自然喜笑颜开。

乡贤中有两老者,都九十多岁了,是王华生前好友,闻讯后寄来贺诗。如此浓情厚谊，王阳明也步韵酬谢，作《嘉靖丙戌十二月庚申始得子，年已五十有五矣。六月，静斋二丈昔与先公同举于乡，闻之而喜，各以诗来贺，蔼然世交之谊也，次韵为谢二首》，其一："海鹤精神老益强，晚途诗价重珪璋。洗儿惠兆金钱贵，烂目光呈奎井祥。何物敢云绳祖武，他年只好共爷长。偶逢灯事开汤饼，庭树春风转岁阳。"其二："自分秋禾后吐芒，敢云琢玉晚珪璋。漫凭先德余家庆，岂是生申降岳祥。携抱且堪娱老况，长成或可望书香。不辞岁岁临汤饼，还见吾家第几郎？"

王阳明给儿子取名正聪，七年后，黄绾为保护孤幼，改名正亿，抚养成人，并将女儿嫁给正亿，"盖悯其孤而抚之"。弟子钱德洪、王畿、魏廷豹等人为抚养照料正聪（正亿），各自也尽到了自己的责任。

安福有"赣中福地"之称，有王阳明亲传弟子近三十人，但"因念生也异方，不能往受教。在乡也，又势各有便，不能聚一"。十二月，邹守益回到安福，和刘晓、刘邦采、刘文敏、刘阳、刘肇衮、尹一仁等王门弟子成立"惜阴会"，每二月聚会一次，每次五天。

刘邦采请王阳明撰写会籍，王阳明作《惜阴说》（丙戌）："同志之在安成者，间月为会五日，谓之'惜阴'，其志笃矣。然五日之外，孰非惜阴时乎？离群而索居，志不能无少懈，故五日之会，所以相稽切焉耳。

"呜呼！天道之运，无一息之或停；吾心良知之运，亦无一息之或停。良知即天道，谓之'亦'，则犹二之矣。知良知之运无一息之或停者，则知惜阴矣；知惜阴者，则知致其良知矣。'子在川上曰：逝者如斯夫！不舍昼夜。'此其所以学如不及，至于发愤忘食也。尧舜兢兢业业，成汤日新又新，文王纯亦不已，周公坐以待旦，惜阴之功，宁独大禹为然？子思曰：'戒慎乎其所不睹，恐惧乎其所不闻，知微之显，可以入德矣。'或曰：'鸡鸣而起，孳孳为利。'凶人为不善，亦惟日不足，然则小人亦可谓之惜阴乎？"

王阳明肯定了"珍惜时光"的良好意愿，同时也提醒大家要时刻戒慎恐惧，就像天道运行不会停歇一样，良知的运行也不能停歇。

嘉靖二十八年（1549年），感于"忽实修而崇虚谈"的学风，邹守益为重申安福惜阴会宗旨，制定了《惜阴申约》，申明："自今以往，共决除旧布新之策。人置一簿，用以自考；家立一会，与家考之；乡立一会，与乡考之。凡乡会之日，设一先师位于堂，焚火而拜，以次列坐，相与虚心稽切，居处果能恭否，执事果能敬否，与人果能忠否。尽此者为德业，悖此者为过失。德业则直书于策以示劝，过失则婉书于策以示戒。其入会者亲书姓名及字，及生辰，下注愿如约三字。其不愿者勿强，其续愿入者勿限。"这也集中反映了王阳明心学讲会的教化作用。

嘉靖六年（1527年）二月初五日，席书以进武英殿大学士致仕，三月十一日去世。王守仁作《祭元山席尚书文》（丁亥），其中写道："又忆往年与公论学于贵州，受公之知实深……闻公之讣，不能奔哭；千里设位，一恸割心。自今以往，进吾不能有益于君国，退将益修吾学，期终不负知己之报而已矣。"

两广平乱

嘉靖六年（1527年），广西思恩、田州发生叛乱，声势浩大，震惊朝野。

思恩府在广西西北，田州在广西西部，田州一度属思恩管辖，中间隔着红水河，山多林密，贫困落后。两地知府都是当地的岑姓土司，属于同一族。

洪武二年（1369年），朝廷设田州府，岑伯颜为知府，官位世袭。传到第三代岑溥，有对双胞胎儿子岑猇、岑猛。岑猇虽然是长子，但岑溥偏爱次子岑猛，没有按照世袭的规矩，反而要废长立幼。弘治十二年（1499年），岑猇杀死岑溥夺得本来属于自己的世袭官位。岑溥的亲信黄骥和李蛮，联手把大逆不道的岑猇斩杀。不久，黄骥和李蛮发生内讧，黄骥带着年幼的岑猛跑到南宁，李蛮占据了田州。

南宁督府派思恩知府岑浚护送岑猛回田州，被有心独自扩张的李蛮拒绝，此时，他已经不需要岑猛了。黄骥也想扩展自己的势力，和岑浚商定，将岑猛软禁，开始武力攻打田州。朝廷派兵出面干预，岑浚和黄骥虽然放了岑猛，但并没有被收服。

弘治十五年（1502年），岑浚和黄骥再次联手，伙同其他土司，举兵进攻田州，杀死李蛮。岑猛趁混乱侥幸逃离。朝廷派兵征剿，斩杀岑浚，混乱得以抑制。为妥善处理各方关系，朝廷"改土归流"，不再让当地土司负责管理，改由朝廷派人通管，时称"流官"。理论上这样的方法是行之有效的，但实际上"流官"制并不能做到长治久安。

而且，岑猛也不满朝廷"改土归流"、撤销世袭土司的制度，何况田州还被思恩兼管。岑猛被派到福建平海卫任职千户，属于降级使用，直到正德三年（1508年）才升为田州府同知（副知府）。

嘉靖二年（1523年），岑猛的势力已经发展壮大，本来只是希望得到应有的名分，却遭同族土司嫉妒，被诬告谋反。朝廷立即以叛乱罪派提督都御史、广西巡抚姚镆领兵征讨。姚镆志在建功立业，根本不去考虑岑猛父子的真实想法。最终，姚镆大获全胜，岑猛父子逃到亲戚家，被亲戚毒死后割下首级邀功。姚镆乘胜大力推进"改土归流"，当地土司都不能入官，自己飞报朝廷请功邀赏。

姚镆此举，反而更加激化了矛盾。嘉靖六年（1527年），思恩丹良堡土舍王受、田州土目卢苏借岑猛的旗号，召集土兵上万，以武力要求恢复两地的土司建置，并迅速攻陷思恩。姚镆调来四省的兵马征讨，未能有所进展，事态顿时恶化。巡按御史石金向世宗奏本，指责姚镆失职，只顾邀功领赏。

一场由土司内讧引发的混乱，变成朝廷"改土归流"与当地土官的矛盾。

换谁来带兵征讨？张璁和桂萼交换意见。张璁心里清楚，只有起用王阳明，才能保南方太平无事。桂萼对王阳明有成见，虽然不乐意，但又不能不给张璁面子。而且王阳明的学生席书、黄绾、方献夫都在朝中任要职，桂萼也就勉强同意了。

世宗下旨：王阳明以现有官职兼左都御史，总督两广军务，根据具体形势，抚剿两广。黄绾借此机会上疏，力陈王阳明以往功绩，请求世宗赐铁券和岁禄，而且记录平定宁王叛乱的功臣。世宗也全部答应。

面对朝廷的诏谕，王阳明心如止水，功名如浮云，冤屈如流水，他面对官场早已大彻大悟。这世间，能让王阳明关注的，是正气和学问。而且身体日渐衰弱，还能带兵出征吗？

王阳明上《辞免重任乞恩养病疏》（嘉靖六年六月），言辞恳切委婉，也不失真诚。他说在平定宁王叛乱之后，"身罹逸构，危疑汹汹，不保朝夕。幸遇圣上龙飞，天开日朗，鉴臣蝼蚁之忠，下诏褒扬洗涤，出臣于覆盆之下；进官封爵，召还京师"。所以深深感谢皇上的隆恩，只是"尚未能一睹天颜，稽首阙廷之下，臣实瞻戴恋慕，昼夜热中，若身在芒刺。迩者曾蒙谢恩之召，臣之至愿；惟不能即时就道，顾乃病卧呻吟，徒北望感泣，神魂飞驰而已"。然后说到受命抚剿两广事宜，年老体衰，有心无力，"顾臣病患久积，潮热痰嗽，日甚月深，每一发咳，必至顿绝，久始渐苏。乃者谢恩之行，轻舟安卧，尚未敢强，又况兵甲驱劳，岂复堪任。夫委身以图报，臣之本心也。若冒病轻出，至于偾事，死无及矣"。继而谦虚地说自己本来就是一介书生，军事才能远不及姚镆。姚镆老成持重，善于用兵，胜负兵家常事，不能以一时成败论英雄，假以时日，必能取胜。而石金据事论奏，对姚镆也是激励。因此建议姚镆继续带兵，委以重任，不追究之前的失利，必定能频传捷报。如果朝廷认为姚镆不能继续统兵，王阳明推荐"南京工部尚书胡世宁，刑部尚书李承勋者往代其任"。最后，王阳明认为朝廷在用人方面，"不贵其有过人之才，而贵其有事君之忠，苟无事君之忠，而徒有过人之才，则其所谓才者，仅足以济其一己之功利，全躯保妻子而已耳"。像自己这样迂腐疏懒而且身体多病的人，只能发表议论，在战场上没有什么实际功夫。

世宗读了奏疏，错误地以为王阳明是担心姚镆在两广会妨碍他，便和杨一清说："看来姚镆还在两广，王守仁是决不会上任平叛的。"于是下令姚镆致仕。然后又下旨给王阳明："卿识敏才高，忠诚体国。今两广多事，方借卿威望，抚定地方，用舒朕南顾之怀。姚镆已致仕了，卿宜星夜前去，节制诸司，调度军马，抚剿贼寇，安载兵民，勿再迟疑推诿，以负朕望。"

如此，王阳明纵然不情愿，也只得扶病出征，于是准备出发事宜。

九月，王阳明安排好家中事务。继子正宪托付给钱德洪和王畿，并题《书扇示正宪》："汝自冬春来，颇解学文义。吾心岂不喜？顾此枝叶事。如树不植根，暂荣终必瘁。植根可如何，愿汝且立志。"到广西后还给正宪写信说："汝在家凡百务宜守我戒谕，学做好人。德洪、汝中（即王畿）辈须时时亲近，请教求益。"

而亲生儿子正聪，才十个月，就托付给魏廷豹。魏廷豹，名直，字廷豹，号桂岩，浙江萧山人，年纪虽然比王阳明稍大一些，却是王阳明的弟子；魏廷豹还是儿科名医，著有《博爱心鉴》三卷。同时，家中事务也交给魏廷豹总管。临行前还特意交代正宪："廷豹忠信君子，当能不负所托，但家众或有桀骜不肯遵奉其约束者，汝须相与痛加惩治。我归来日，断不轻恕。"并立下规矩："凡百家事及大小童仆，皆须听魏廷豹断决而行。"

几个书院，稽山书院虽小，又新办了阳明书院，在南大吉的支持下，运行都很正常。余姚龙山书院，已交给钱德洪打理，学生太多，书院的名声不能受到损害。八月时，王阳明撰写《客坐私祝》（丁亥），悬挂在墙壁上："但愿温恭直谅之友来此讲学论道，示以孝友谦和之行。德业相劝，过失相规，以教训我子弟，使毋陷于非僻。不愿狂憸惰慢之徒来此博弈饮酒，长傲饰非，导以骄奢淫荡之事，诱以贪财黩货之谋，冥顽无耻，扇惑鼓动，以益我子弟之不肖。呜呼！由前之说，是谓良士；由后之说，是谓凶人。我子弟苟远良士而近凶人，是谓逆子，戒之戒之！嘉靖丁亥八月，将有两广之行，书此以戒我子弟，并以告夫士友之辱临于斯者，请一览教之。"

出发前夕，王阳明和钱德洪、王畿，一起讨论"四句教"，即前文提到的天泉证道。"四句教"简单地说，就是人本来无善无恶，意念一动就有了善恶；良知就是天理，它知道善恶是非，由好善知善而为善，由恶恶厌恶而去恶，这就是格物致知。

王畿有不同看法，认为王阳明并没有说透彻。他的理由是：心和意、知和物，都无善恶，如果说意有善恶，那么反推过来心就不可能无善恶。王畿观点的来源，应该是意由心生。

钱德洪认为：心无善恶，习染后心能看见有善恶，为善去恶，正是恢复本体的功夫，不然，功夫就失去了意义。

听了两人的观点，王阳明说："身的主宰是心，心的所想是意，意的本体是知，意的所在是物。"接着又说："有心俱是实，无心俱是幻。无心俱是实，有心俱是幻。"王畿很快领悟，前两句是从本体上说功夫，后两句是从功夫上说本体。

至此，王畿、钱德洪各有体悟。只是后来的王畿，虽然还遵循心学，却逐渐转入到禅，流入虚空，因此和钱德洪的心学产生了分化。

九九重阳，王阳明带着随从自绍兴启程前往广西思恩、田州，又是遥远而漫长的路程。

经钱塘江过杭州，就到了桐庐，富春江畔，有严子陵钓台。当年王阳明押解朱宸濠一干人到杭州交给张永，也曾路过钓台，因责任重大，没有登台。如今重来，又因军务在身，而且身体也不允许，只能在舟中远远观望了一番。

严子陵能够彻底出世，是天下读书人所仰慕的，因为没有几个人能做到他那样。就如此时的王阳明，年事已高还得扶病出征。这心情在他的《复过钓台》中，就能感知一二："忆昔过钓台，驱驰正军旅。十年今始来，复以兵戈起。空山烟雾深，往迹如梦里。微雨林径滑，肺病双足胝。瞻仰台上云，俯濯台下水。人生何碌碌？高尚当如此。疮痍念同胞，至人匪为己。过门不遑入，忧劳岂得已！滔滔良自伤，果哉末难矣！"

经衢州，过常山，进入江西地界。这是一片让王阳明难以忘怀的地方。多少人、多少事，在眼前闪过，挥之不去；那些风、那些雨，如云烟聚散，此番还来。当年巡抚江西，王阳明曾作《寄江西诸士夫》："甲马驱驰已四年，秋风归路更茫然。惭无国手医民病，空有官衔縻俸钱。湖海风尘虽暂息，江湘水旱尚相沿。题诗忽忆并州句，回首江西亦故园。"对王阳明来说，确实是"回首江西亦故园"。

十月，从广信（今属上饶）出发，到达南昌。在都司衙门，会见当地官员。第二天，拜谒南昌文庙，然后在文庙明伦堂设席，宣讲《大学》。

唐尧臣，字士良，江西南昌人，因腹中有些文墨而疏狂傲慢，不信世上有真有学问的真君子，特意赶来听听王阳明到底讲些什么。眼前的场面让他惊呆了，他感叹说"这几代以来，很久没有出现过这样的气象了。"听完之后彻底被王阳明所折服。同行的黄文明、魏良器，知道他一向目中无人，取笑说："四处逃亡的人，现在是要归顺投降了吧？"唐尧臣说："只有如此圣贤，才能让我五体投地。"于是拜入王阳明门下。嘉靖七年（1528年），唐尧臣中举，后在桂林任上设计擒获骚乱土司，官至浙江按察佥事，又用戚家军连破来犯的倭寇。

继续赶路，到新溪驿时，王阳明赋《过新溪驿》，记录了当时迎送的盛况："犹记当年筑此城，广瑶湖寇正纵横。人今乐业皆安堵，我亦经过一驻兵。香火沿门惭老稚，壶浆远道及从行。峰山挈手疲劳甚，且放归农莫送迎。"

弟子彭簪、王钊、刘阳、欧阳瑜等几百人，迎接王阳明进入螺川驿。面对一众门人，王阳明感慨万千，即时宣讲。

十一月十八日，一行人到达广东肇庆。沿西江逆流而上，二十日，到达广西梧州，王阳明在此驻扎，开始深入调查研究卢苏、王受叛乱事件。从士人，到羁客，最后是小老百姓，事件的前因后果基本摸清后，详加分析，得出结论：安抚为主，征剿为辅，土司、流官并存共管。

十二月初一日，王阳明上《赴任谢恩遂陈肤见疏》。关于叛乱，王阳明首先认为："盖两广军门专为诸瑶、僮及诸流贼而设，朝廷付之军马钱粮事权，亦已不为不专且重，若使振其军威，自足以制服诸蛮。"但是岑猛父子固然罪不可恕，主要原因还是地方军政败坏所致，主要表现在上没有将士可以任命，下没有士兵可以使用，一旦有紧急事务，就调动土官狼兵，因而导致岑猛父子得以"凭恃兵力，日增其桀骜"。土官狼兵"奔走道途，不得顾其家室"，他们自然会因为疲倦而心生怨气。而征战"功归于上，而彼无所与"，他们又因此愤怒而有意怠慢。"既倦且怨，又怒以慢；始而征发愆期，既而调遣不至。上嫉下愤，日深月积，劫之以势而威益亵，笼之以诈而术愈穷；由是谕之而益梗，抚之而益疑，遂至于有今日，加以叛逆之罪而欲征之。"

王阳明认为，岑猛反叛，也只是几个人作乱，他手下的人，其实是没有罪责的。而之前的征讨"遂不顾万余之命，竭两省之财，动三省之兵，使民男不得耕，女不得织，数千里内骚然涂炭者两年于兹"。因而造成恶性循环，过而不及。所以王阳明建议说："臣愚以为且宜释此二酋者之罪，开其自新之路。而彼犹顽梗自如，然后从而杀之，我亦可以无憾。苟可曲全，则且姑务息兵罢饷，以休养疮痍之民，以绝觊觎之奸，以弭不测之变。迫于区处既定，德威既洽，蛮夷悦服之后，此二酋者遂能改恶自新，则我亦岂必固求其罪。若其尚不知悛，执而杀之，不过一狱吏之事，何至兵甲之烦哉？"

对于"改土归流"，王阳明反馈当地百姓的看法是徒有虚名。没有设立流官之前，土人每年能安排几千士兵由官府调遣，设立流官之后，官府要组织几千人数的民兵来防控土人。像思恩、田州，设置流官后土人造反有五六次了，前后征剿一直没有停止过，所花费的兵马、钱财和粮草，杀死、伤害的民众，无法统计。所以"朝廷曾不能得其分寸之益，而反为之忧劳征发。浚良民之膏血而涂诸无用之地，此流官之无益，亦断然可睹矣"。

最后，王阳明认为思恩、田州"地方虽未能周知备历，然形势大略亦可概见。田州切邻交趾，其间深山绝谷，皆瑶、僮之所盘据，动以千百。必须仍存土官，则可借其兵力，以为中土屏蔽。若尽杀其人，改土为流，则边鄙之患，我我当之，自撤藩篱，非久安之计，后必有悔"。

世宗复旨，给予肯定和放权："守仁才略素优，所议必自有见。事难遥度，俟其会议熟处，要须情法得中，经久无患。事有宜亟行者，听其便宜，勿怀顾忌，以贻后患。"

世宗是明智的，只要合情合理，王阳明尽可便宜行事，不必顾虑其他。朝中大臣知道王阳明要"改剿为抚，土流并用"，而世宗也同意这方案。杨一清却担心王阳明威望太高，如果进入内阁，可能会动摇自己的地位。

和杨一清一起谋划的是桂萼。两人商议的结果是"看似委以重任，实以排挤出阁"，他们必须防患于未然，提前将王阳明拒于朝廷之外。于是上疏，提议让王阳明兼任两广巡抚，世宗自然也同意了。

十二月，王阳明到平南，和姚镆见面，办理了交接。不久，抵达浔州（今桂平），又和御史石金、布政使林富、副使祝品及林文辂等商讨剿抚对策。二十六日，王阳明在南宁开府议事，随即下令撤销所有调来防守的各民兵部队，限定几天之内解散，回家务农，只留下几千名湖兵，主要考虑的是路途遥远，暂时不方便归家。接着将他们分别安排在南宁、宾州等地方，军械入库先行休养，等待时机再返回原籍。

"王守仁暂令兼理巡抚两广等处地方，写敕与他，钦此。"月底，王阳明接到圣旨，非常无赖，还未开始"改剿为抚"，朝廷已经预支功劳封官加爵了。

嘉靖七年（1528年）正月初二日，王阳明上《辞巡抚兼任举能自代疏》，说自己本来总制湖广、江西、南赣、福建四省军务，已经不能胜任，现在又增加两广巡抚的职责，自己能力无法承担。王阳明认为"两广地方，比于他处，尤繁且难：蛮夷瑶、僮之巢穴，处处而是，攻劫抢掳之警报，日日而有；近年以来，加之以师旅，因之以饥馑，郡县之凋敝日甚，小民之困苦益深"。因此两广巡抚必须让才干超群的人来担当。

在上疏中，王阳明推荐伍文定，称赞他"质性勇果，识见明达，往岁宁藩之变，尝从臣起兵讨逆，臣备知其能。今年力未衰，置之闲散，诚有可惜。若起而用之，以为巡抚，其于经略之方，抚绥之术，必能不负所委"。此外，王阳明认为刑部左侍郎梁材、南赣副都御史汪铉"皆才能素著，抑且旧在两广，备谙土俗民情，皆足以堪斯任"。所以建议吏部在这三人之中选择起用。而自己"驽劣多病，俾得专意思、田之役，幸而了事，容令照旧回还原籍调理。非独巡抚得人，地方有所倚赖，而臣之不肖，亦苟免于覆𫗧之诮矣"。

王阳明还想请杨一清帮忙在世宗面前说说话，或许就免去"两广巡抚"一职，那么两广的事情了结后就能回家养病。王阳明认为自己和杨一清的关系是很好的，于是致信杨一清，在信中亲近地称对方为"老先生"，而不是约定俗成的"阁老"，说"素受知己之爱，不当复避嫌疑"，自己功成之后要"原职致仕",返乡调养身体,方能"使得苟延喘息"。最后说,如果得老先生器重,也可在南京谋一闲职。只是,奏疏送上去,依旧没有批准。

田州土目卢苏、丹良堡土舍王受,知道王阳明在江西治盗,仁心待人并不好杀,因此有投诚的念头。又听说王阳明到任后要执行"改剿为抚"的政策,而且还遣散了南宁的几万人马。正月初七,卢苏、王受安排手下头目黄富率人先来投奔,各种言辞为自己解说。这些叛乱头目之前都是高低不等的土官,改土归流后,和汉官有隔阂而不和,久而久之导致双方发生冲突,最后发展到与官府对抗。

王阳明清楚黄富所说有夸大成分,但投诚倒是真心的,于是把朝廷威德晓谕一番,又写了一封信,大意说:岑猛父子早就伏诛,你们也没有什么大罪,至于部下跟随的人更是无辜。如今皇恩浩荡,考虑到你们只是畏罪逃亡,准备给你们留一条活路,见信后立即解散部下兵丁,各自回家务农,其余大小头目,限在二十日之前来本院投诚,死罪可免。

黄富带着书信而去。卢苏、王受读后,当即"撤守备,具衣粮,尽率其众扫境来归"。卢苏、王受等人,囚首自缚,前来投诚。王阳明说:"你们如期投诚,我免你们死罪。但卢苏、王受聚众骚扰地方两年多,不略示责罚难解民愤。作为警诫,两人各杖责一百军棍。"随即喝令左右将卢苏、王受按下,施杖责之刑,其他头目解去捆绑,不再追究。手下留情的杖责完成之后,王阳明亲自为卢苏、王受松绑。

至此,没有动用一兵一卒,思恩、田州叛乱得以和平解决。

当日,王阳明亲自到卢苏、王受部下各营,安抚众人。晓谕说:"朝廷愿意给你们活路,就是不忍心让你们在刀光剑影之下死去。你们现在可以回家耕作,休养生息。其他盗贼,我自有安排,需要你们的时候,再行调发。"说罢,王阳明便委托布政使林富、总兵官张祐,督令各营士卒归家复业。

二月十三日,王阳明上《奏报田州思恩平复疏》。报告收复卢苏、王受的经过,提出安抚边境、善待夷族的"十患""十善"政策。并建议行政如何设置、人才如何任用,在兴学建校、教化民众、改善风气等方面,也给出了自己的看法。

十五日和十八日,王阳明连续上《地方紧急用人疏》和《地方急缺官员疏》,向朝廷请奏,大量起用土官,参与两广边境管理。大部分地区以流官为知府控制辖区全局,部分地区以土官担任知府,能够顺应民情。知府以下属官,以当地土司为主,可以稳定人心。土官任用名单,有卢苏、王受,有岑猛的后人岑邦佐、岑邦相。

在《处置平复地方以图久安疏》(七年四月初六日)中,王阳明还特意为岑氏兄弟辩白:"岑猛之子,存者二人,其长者为岑邦佐,其幼者为岑邦相。邦佐自幼出继武靖州为知州;前者徒以诛猛之故,有司奏请安置于漳州。然彼实无可革之罪,今日田州之立,无有宜于邦佐者。但武靖当瑶贼之冲,而邦佐素得其民心，其才足能制御；迩者武靖之民以盗贼焰炽，州民无主之故，往往来告，愿得复还邦佐为知州，以保障地方。臣等方欲为之上请，如欲更一人，诸夷未必肯服。莫若仍以邦佐归之武靖，而立邦相于田州。用其强立有能者于折冲捍御之所，而存其幼弱未立者于安守宗祀之区，庶为两得其宜。至于思恩，则岑浚之后已绝，自不必复有土官之设矣。均乞圣明裁处。"

朝廷的高官显贵，哪能像王阳明如此深入一线，结合实际采用土流并用、高度自治的地方管理方略，这可是被实践证明，并为历史证明的正确方略。

王阳明主张从根本上解决地方弊端：贬谪龙场，贵州文化教育得到提升；巡抚南赣，江西的礼仪有所改善。所以巡抚两广时，面对着蛮烟瘴雨的地方，芸芸众生却没有教化的场所，于是王阳明在田州开办学校，亲自巡视提学道属，督促各校招收儒生，并选拔教官，同时又设立推广乡约。

接着又在南宁办学，和各校师生，朝夜开讲。穷乡僻地，王阳明因身体原因不能前去讲演，便委派原任监察御史降合浦县丞陈逅，到灵山各县主教；原任监察御史降揭阳县主簿季本，到敷文书院主教。

福建莆田生员陈大章，到南宁游学，王阳明接见他时，考问关于冠、婚、丧、祭、乡射等各种仪节，陈大章都一一通晓。王阳明大喜，派他到各县进行教演，并告示各附属官吏督令各校学生，随陈大章朝夜学习各种仪文节度。

从此，广西的文化水平，也提高了一截。

王阳明之前调查，得知民众对卢苏、王受的反叛并不反感，而对八寨、断藤峡两股山匪却非常痛恨。这是因为山匪和叛军不同，打砸抢杀烧无恶不作，对百姓危害很大。而作为两广巡抚，保一方平安是责任所致，因此，王阳明决定征剿八寨、断藤峡。

眼下身边两支人马。湖广官兵要遣回，恰好要路过八寨、断藤峡附近，可以顺路参与剿匪。卢苏、王受的部队，整顿改编之后重新起用，士气很高。

于是王阳明暗中派边城前往八寨、断藤峡，探明路径和苗兵虚实。边城，上年南归，得知王阳明出征思恩、田州，赶来投奔。王阳明见他长得丑陋又矮小，身体瘦削而脸色苍黄，跟没吃饱的乞丐并无二致，对他来投军十分惊异。但得知他心有谋略身有勇力，而且行走山路如履平地，便收留了他。

边城化装成叫花子，一路行乞而入，周历思吉、周安、古卯、古蓬、古钵、都者、罗墨、剥丁八寨，又把断藤峡、仙台、花相各洞，打探得清清楚楚。回来禀报王阳明说：各寨苗人头领，得知官府解散各防守部队，一开始还怀疑是疑兵之计。后来不见兵马调动、粮草征集，才各自放心，不再勤于防守。接着将各寨出入要道、关卡细细禀明。

断藤峡，就是大藤峡。八寨是八个山寨的统称，位于宾阳、上林的北部，红水河的南部。两地山水相接，是广西腹地，山深路险，易守难攻。两地互为犄角，方便回旋应援。自明朝开国，两地几万盗贼盘踞在此，已经一百多年。太祖时都督韩观，领数万兵力围困,不曾攻破八寨。英宗天顺年间(1457—1464),都御史韩雍统兵二十万,曾经攻破盗贼的巢穴,但撤兵之后,逃亡的盗贼又重新聚合,一度攻陷浔州,造成局势失控。宪宗成化年间(1465—1487),土官岑瑛联合狼兵深入,虽然有所收获,但也没有根除盗匪。

王阳明得到边城的回报,心中大喜。于是开始紧急调动人马,在各个地方分别布哨,等候时机准备发动袭击。又命令湖广兵马,假装成被遣散归家,然后暗中攻击八寨老巢。王阳明严申军令,限定日期,务必取胜,于是各路人马分批开拔。

四月二日,部队秘密行军到龙村埠登岸。初三日,各路兵马一齐抵达,向匪巢发起攻击。可怜数万苗人,平时依仗山壁天险横行,忽见四面官兵云集,吓得惊惶乱窜。初四日,攻破仙女大山。初五日,攻破油碎、石壁、大陂。初十,攻破断藤峡。十一日,攻破仙台、花相等处。至十四日,攻破断藤峡周边大小山寨。

十五日,王阳明上《征剿稔恶瑶贼疏》,算是征剿山匪之后的说明。毕竟提前上疏等待批复,路上一来一去,既耽误时间又贻误战机,本来就有"便宜行事"的特权。但现在剿平了断藤峡,就必须上报了。

二十三日,卢苏部队及官兵抵达八寨,形成合围,进攻石门天险!二十四日,攻破古蓬等寨。二十八日,攻破周安等寨。五月初一日,攻破古钵等寨。初十日,攻破都者峒等寨。十七日,攻破黄田等寨。

二十五日，王阳明上《举能抚治疏》："……所有思、田二府抚循缉理官员，尚未奉有成命。如蒙皇上轸念边方，俯从臣等所请，乞于两广及邻省附近地方各官内选用，庶可令其作速到任，不致久旷职业。臣本昧于知人，不敢泛然僭举。切照广东右布政使王大用，湖广按察使周期雍，皆才识过人，可以任重致远。……臣遇变丰城，传檄各省，独期雍与布政席书闻变即发。当是时，四方援兵皆莫敢动，迄宸濠就擒，竟无一人至者，独席书行至中途，复受臣檄，归调海沧打手，又行至中途，闻事平而止。其先后引领至江西省城者，惟周期雍、王大用两人而已。……"

六月初七日，攻破铁坑等寨。

最后，各路兵马在横水江合围余匪，到六月底，为害百余年的两地匪乱，终于一扫而清。百感交集，王阳明接连赋诗，《破断藤峡》云："才看干羽格苗夷，忽见风雷起战旗。六月徂征非得已，一方流毒已多时。迁宾玉石分须早，聊庆云霓怨莫迟。嗟尔有司惩既往，好将恩信抚遗黎。"《平八寨》云："见说韩公破此蛮，貔貅十万骑连山。而今止用三千卒，遂尔收功一月间。岂是人谋能妙算？偶逢天助及师还。穷搜极讨非长计，须有恩威化梗顽。"胜利的自豪，见诸笔端。

七月流火，王阳明班师奏凯。接着，顺应地方实情，设立土官，又特设流官以分土官之势，分设土官巡检将各夷部众分散开来，就是要让大家和平共处。

初十日，王阳明上《八寨断藤峡捷音疏》。十二日，王阳明上《处置八寨断藤峡以图永安疏》。十九日，王阳明上《查明岑邦相疏》："……岑猛四子，长子岑邦佐系正妻张氏所出，次子岑邦彦系庶妾林氏所出，三子岑邦辅系外婢所生，四子岑邦相系次妾韦氏所出。……邦佐自幼出继，该州之民信服归戴已久；况其才力，足能制御各瑶，……邦辅名虽岑猛外婢所生，其实来历不明，阖府之民，皆不欲立。惟邦相则次妾所生，实系岑猛的亲骨血；……伏乞圣明宥其疏漏万死之诛，仍敕该部俯从原议，立岑邦相于田州，以曲顺各夷之情。其岑邦辅者，听其以官族名目随住。如此，则名正事成，而人心允服，实地方之幸，臣等之幸。"算是对思恩、田州事件的一个调查结果。

征战结束，王阳明身体越来越差。动身前往广州途中，沿着邕江顺流而下，很快到了横州（今横县）。横州有伏波将军祠庙。年轻时，王阳明曾经做梦拜谒伏波将军庙，现在，必定是要去拜谒一番的，只有如此，梦才是完整的。

伏波庙临近江边，庙前为乌蛮滩，庙宇四周绿树掩映。大殿里，伏波将军的塑像威然雄坐，王阳明伏地跪拜。拜毕，站在神像前，浮想联翩，作《谒伏波庙二首》。其一："四十年前梦里诗，此行天定岂人为？徂征敢倚风云阵，所过须同时雨师。尚喜远人知向望，却惭无术救疮痍。从来胜算归廊庙，耻说兵戈定四夷。"其二："楼船金鼓宿乌蛮，鱼丽群舟夜上滩。月绕旌旗千嶂静，风传铃柝九溪寒。荒夷未必先声服，神武由来不杀难。想见虞廷新气象，两阶干羽五云端。"和年少时所写的《梦中绝句》，全部题写在墙壁上。

九月，行人（即使者）冯恩奉旨来到广州，因王阳明平复思恩、田州有功，专程嘉奖王阳明。赏银五十两，纻丝四表里，此外还有羊酒，都是广州布政司奉命代办购买的。公文中没有提及对平定八寨、断藤峡的奖赏，看来朝廷是有争议的。桂萼率先提出非议：朝廷让你平定思恩、田州，没有让你调动军队平定八寨、断藤峡，补递的奏疏压着没有上报，更别说批复了。因此不仅没有嘉奖，在桂萼等人看来，私自调兵遣将就要收监问罪。

方献夫、霍韬深感不平，分别上疏为王阳明辩解。从思恩、田州到八寨、断藤峡，一举荡平，难道可以不计功劳反而成为罪责？历来将在外君命可以不从，何况世宗诏书中明言可以便宜从事。平定宁王，就曾遭到妒忌的人反诬，说"初同贼谋""其辇载金帛"，冤屈至今没有洗去。现在征剿两广，又要如法炮制来构陷他么？霍韬在上疏中说："忠如守仁，有功如守仁，一屈于江西，再屈于两广。臣恐劳臣灰心，将士解体，后此疆圉有事，谁复为陛下任之？"

冯恩感慨万千，想安慰王阳明，但此时任何言语都是苍白的。冯恩，字子仁，号南江，南直隶松江府华亭人，嘉靖五年（1526年）登进士，号称四铁御史，也推崇心学。宣读完圣旨后，冯恩拜师王阳明，成为王阳明的关门弟子。

在广州期间，王阳明又染上了痢疾，只能静心养病。学生、朋友的信件，都是伏卧在病床上回复，这也是王阳明自己所说的

"伏枕潦草"。

但增城,王阳明必须去,一是因为增城有五世祖王纲的祀庙。二是同道好友湛若水,是增城人。当年在北京,两人和黄绾有八拜之交。写完一份谢恩疏,王阳明便去了增城。

王纲庙本来已经破旧不堪,但王阳明巡抚两广,当地官员及时进行了修复。王阳明对着塑像凭吊,祖上尽忠报国的精神,正流淌在他滚烫的血液中。

接着来到湛若水家,兑现了当年到府上拜望的承诺。湛若水在礼部任职,是其家人接待他的。王阳明坐在中堂饮茶,不禁回想起和湛若水交往的点点滴滴,恍惚就在眼前。

两人相识在弘治十八年(1505年)的京师,都以发扬儒家道学为己任,因而一见如故。正德元年(1506年)二月,王阳明被谪龙场驿,湛若水赠诗九首送别,王阳明酬答八首,都把对方看成是知己净友。徐爱等人赴北京春试,王阳明特别推荐他们去拜访湛若水。龙场驿归来,到京城面圣、候职,王阳明和湛若水、黄绾相约终身共学。湛若水出使安南,王阳明在《别湛甘泉序》中,饱含深情地说:"意之所在,不言而会;论之所及,不约而同。"

虽然学术观点出现了分歧。湛若水主张"随处体认天理",王阳明主张由"心即理""知行合一"到"致良知"。经过正德九年(1514年)滁阳之会、正德十年(1515年)南京龙江关之会、嘉靖元年(1522年)西樵之会,两人不再能像以前"比邻而居",但书信往来不断,只是"终不若面语之能尽"。

正德十年(1515年),湛若水在增城料理母亲丧事后,给王阳明去信,阐述自己理解的"格物",王阳明没有回信。正德十三年(1518年)七月,王阳明刊刻古本《大学》,赠书给湛若水。湛若水回信称赞说:"格物之说甚超脱,非兄高明,何以及此!"又再次申明"仆之鄙见大段不相远,大同小异耳",观点并未改变。

湛若水来信多,王阳明回信少。在湛若水看来是"兄不谓然""不还一墨"。而王阳明的观点是,不能为学术分歧伤害朋友之情。

脑海中闪过种种,纵有千言万语,也无从道起。王阳明在墙壁上题下《题甘泉居》:"我闻甘泉居,近连菊坡麓。十年劳梦思,今来快心目。徘徊欲移家,山南尚堪屋。渴饮甘泉泉,饥餐菊坡菊。行看罗浮云,此心聊复足。"又觉言犹未尽,接着题《书泉翁壁》:"我祖死国事,肇禋在增城。荒祠幸新复,适来奉初蒸。亦有兄弟好,念言思一寻。苍苍蒹葭色,宛隔环瀛深。入门散图史,想见抱膝吟。贤郎敬父执,童仆意相亲。病躯不遑宿,留诗慰殷勤。落落千百载,人生几知音?道通著形迹,期无负初心。"这是写给好友湛若水的,也是写给自己的……

自己的病恐怕是挺不过冬天了,十月初十日,王阳明凭借不屈的意志,强撑着身体,写下《乞恩暂容回籍就医养病疏》:"臣以忧病,跧伏田野,六年有余。蒙陛下赐之再生之恩,锡之分外之福,每思稽首阙廷,一睹天颜,以申其蝼蚁感激之诚,遂其葵藿倾戴之愿。既困疾病,复畏讥谗,六年之间,瞻望太息,竟未敢一出门庭。夫蒙人一顾之恩,尚必思其所以为酬,受人一言之知,亦必图其所以为报,何况君臣大义,天高地厚之恩!……

"……不意到任以来,旬月之间,不折一矢,不戮一卒,而两顽民帖然来服;千里之内,去荆棘而行成坦途。其间虽有数处强大贼巢,素为广西众贼之渊薮根株,屡尝征讨而不克者,亦就湖广撤回之兵而乘其取道之便,用两广新附之民而鼓其报效之勇,财力不致于大费,小民不及于疲劳,遂皆歼厥渠魁,荡平巢穴,而远近略已宁靖。是皆陛下好生之至德昭格于上下,不杀之神武幽赞于神明……

"……去岁奉命入广,与旧医偕行,未及中途,而医者先以水土不服,辞疾归去。是后,既不敢轻用医药,而风气益南,炎毒益甚。今又加以遍身肿毒,喘嗽昼夜不息,心恶饮食,每日强吞稀粥数匙,稍多辄又呕吐。……今已舆至南宁,移卧舟次,将遂自梧道广,待命于韶、雄之间。

"……

"……惟陛下鉴臣一念报主之诚,固非苟为避难以自偷安,能悯其濒危垂绝不得已之至情,容臣得暂回原籍就医调治,幸存余息,鞠躬尽瘁,以报陛下,尚有日也。臣不胜恳切哀求之至!"

这是王阳明生命中的最后一道疏,只求皇恩浩荡、吏部体恤,恩准自己回家养病。吏部尚书桂萼,又把奏章压下不报,王阳明的死活,他根本不放在眼里。

思归的心，在等待批复中备受煎熬，王阳明给钱德洪、王畿写信说："书来见近日工夫之有进，足为喜慰！而余姚、绍兴诸同志又能相聚会讲，切奋发兴起，日勤不懈，吾道之昌，真有火燃泉达之机矣，喜幸当何如哉！此间地方悉已平靖，只因二三大贼巢，为两省盗贼之根株渊薮，积为民患者，心亦不忍不为一除剪，又复迟留二三月；今亦了事矣，旬月间便当就归途也。守俭、守文二弟，近承夹持启迪，想亦渐有所进。正宪尤极懒惰，若不痛加针砭，其病未易能去。父子兄弟之间，情既迫切，责善反难，其任乃在师友之间。想平日骨肉道义之爱，当不俟于多嘱也。"对学业、亲友、家庭的关心，在细枝末节上，都做了交代。

此心光明

王阳明心有江山社稷,凡事能以大局为重。但也有文人的士气和傲骨,常不计个人得失,坚持自我。弘扬心学本来就是离经叛道,睥睨奸佞可以抗旨不遵。此时,他不再等待圣旨批复,下令启程回家。

王阳明弟子、广东布政使王大用,劝说他等身体好转再动身不迟,然而没能改变老师的决定,只好安排一队人马护送。

一路缓缓而行,到达大庾岭,已经是十一月的下旬。王阳明身体越来越虚弱,而王大用随行携带着棺材的木料,早就做好了准备以防万一,一旦意外发生,就能够直接使用。翻山越岭,终于爬上梅岭,到了梅关,前面就是江西地带,王阳明终于离开了两广。沿着陡峻的驿道,到了江西南安府。王大用让王阳明改走章江水路,顺流而下。

南安推官周积、赣州兵备道张思聪,都是王阳明的弟子,他们在此已经等候多时。而王阳明见面的第一句话竟然是:近来学业如何?周积留王阳明在南安静养几天,找来医生把脉开药,等病情稳定后再走。王阳明虽然思家心切，但身体确实吃不消，也就不能坚持赶路。

两天后，王大用于江边送别，返回广州。周积、张思聪陪在王阳明身边，继续前行。十一月二十八日晚，船泊大庾县青龙铺，王阳明昏睡不醒，夜晚显得出奇地安静。

清晨，船窗外一片雪白，王阳明醒来，示意召唤周积进去。周积站在他身边，等候先生示下。良久，王阳明睁开双眼，微弱的声音断断续续："我……要……走……了……"周积俯下身子，问有什么话要交代。王阳明平静地一字一字地说："此……心……光……明，亦……复……何……言？"

说罢，安然而逝。此时，是嘉靖七年十一月二十九日辰时，即公元1529年1月9日上午8时左右，一代圣人，溘然离世，享年五十七岁。

王阳明去世的消息传出，震惊朝野。赣江两岸，官民纷纷设祭，天地为之一泣。

十二月三日，张思聪与前来奔丧的地方官、学子在南野驿站为王阳明设祭入殓，棺木是王大用随行所带。次日，众人抬着灵柩登舟，当地士民夹道相送。灵柩抵达赣州府水西驿，提督都御史汪铉等迎祭。灵柩抵达吉安府螺川驿，佥事陈璧、知府张汉等设祭哭奠。灵柩抵达临江府蒲滩驿，同知宇宾、通判林元等设祭哭奠。灵柩抵达南昌府南浦驿，巡按御史储良材、提学副使赵渊（王阳明弟子）请求多待几日，等年后再启程，张思聪应允。士民百姓纷然而至，哀声此起彼伏……

嘉靖八年（1529年）正月初一，南昌发丧，竟和前几天一样还是逆风，赵渊说："这是先生不忍和南昌士民离别啊！"等到风向改变，才得起航前行。到贵溪，王阳明嗣子正宪自越赶来，在灵前哭倒。钱德洪、王畿也先后赶到。两人本来要北上参加廷试，得知王阳明就要回宁波，准备在严滩等候。却突然得知先生去世的消息，相向恸哭，放弃赴考，星夜兼程欲赶往广信府葛阳驿，讣告同门。之后，又到了杭州，到了绍兴，各地来吊唁的人，接连不断，不亚于举国同哀。

世宗给予了王阳明充分的权力，在王阳明因病请辞时，世宗能"优诏慰答"。有人诬论王阳明时，世宗直言"王守仁功高望隆，舆论推重"，并将诬告的人贬谪边关。世宗就是如此，起用的时候能够大胆放权，但一旦发现没有按照自己的意图行事，就会重罪相加。因此，世宗得知王阳明一边向朝廷请求辞官归家养老，而又在没有得到批准的前提下就踏上返乡路程时，态度来了个一百八十度的大转弯，立即命令郧阳巡抚林富接任两广巡抚，又责骂王阳明擅自做主，谕告吏部"守仁受国重托，故设漫辞求去，不候进止，非大臣事君之道"。

此时王阳明已经病逝多日。吏部根据世宗指令主持"廷议"，二月八日，对王阳明"盖棺定论"："守仁事不师古，言不称师。欲立异以为高，则非朱熹格物致知之论；知众论之不予，则为朱熹晚年定论之书。号召门徒，互相倡和，才美者乐其任意，庸鄙者借其虚声。传习转讹,悖谬弥甚,但讨捕窜贼,擒获叛藩,功有足录,宜免追夺伯爵以章大信,禁邪说以正人心。"

"廷议"还是肯定了王阳明的一部分功劳,但对王阳明心学,给予了沉重的打击——冠以"邪说"之名。最后的处理意见是免去王阳明的官职和所封的爵号,并且禁止王阳明的学说,得到了世宗的批准。然而,世宗并不满意处理意见中对王阳明功劳肯定的部分,加之桂萼将王阳明的"罪状"让百官议论,奏与皇上。因此,世宗又谕告吏部:平定宁王叛乱,是王阳明和伍文定共同举兵,功劳不能让王阳明独占。而且王阳明统兵的时候不能有所节制,在平定宁王的报捷文书中夸大其词,应该功过相抵。最后的广西之役,该围剿的没有围剿,该招抚的没有招抚,这是典型的恩威倒置。而对"廷议"处理意见,世宗说:"所封伯爵本当追夺,但系先朝信令,姑与终身。其殁后恤典俱不准给。都察院仍榜谕天下,敢有踵袭邪说,果于非圣者,重治不饶。"这无疑又加重了惩处的力度,但还是肯定了王阳明的一些功劳,也算是世宗对吏部的"廷议"做出了较大让步。

杨一清只是冷漠地观望,没有不帮王阳明说话。湛若水到礼部上任,曾私下问杨一清:"外面纷传非议阳明子都是阁老的主意?"杨一清不置可否,没有回答。

倒是已经入阁的张璁,能够保持公允的立场,他认为王阳明在广西的功劳不容否定。因此他对黄绾说:"今天我才知道阳明先生的过人之处,当初要是请到内阁作辅,能够成就天下大治。"杨一清听后非常不高兴。桂萼干脆唆使锦衣卫都指挥诬告:王阳明以金银百万，交由黄绾贿赂张璁。

黄绾怒了，上《明是非定赏罚疏》，慷慨陈词："忠臣事君，义不苟同；君子立身，道无阿比。臣昔为都事，今少保桂萼时为举人，取其大节，与之交友。及臣为南京都察院经历，见大礼不明，相与论列。相知二十余年，始终无间。昨臣荐新建伯王守仁堪以柄用，萼与守仁旧不相合，因不谓然，小人乘间构隙。然臣终不以此废萼平生也。但臣于事君之义，立身之道，则有不得不明者。臣所以深知守仁者，盖以其功与学耳。然功高而见忌，学古而人不识，此守仁之所以不容于世也。盖其功之大者有四：其一，宸濠不轨，谋非一日，内而内臣如魏彬等，嬖幸如钱宁、江彬等，文臣如陆完等，为之内应；外而镇守如毕真、刘朗等，为之外应；故当时中外诸臣，多怀观望。若非守仁忠义自许，身任讨贼之事，不顾赤族之祸，倡义以勤王，运筹以伐谋，则天下安危未可知。今乃皆以为伍文定之功，是轻发纵而重走狗，岂有兵无胜算，而濠可徒搏而擒者乎？其二，大帽、茶寮、浰头、桶冈诸贼寨势连四省，兵连累岁。若非芟平，南方自此多事。守仁临镇，次第底定。其三，田州、思恩构衅有年，事不得息，民不得已，故起守仁以往，定以兵机，感以诚信，乃使卢、王之徒崩角来降，感泣受杖，遂平一方之难。其四，自来八寨为两广腹心之疾，其间守戍官军，与贼为党，莫可奈何。守仁假永顺狼兵，卢、王降卒，并而袭之，遂去两广无穷之巨害，实得兵法便宜之算。……其学之大要有三：一曰'致良知'，实本先民之言，盖致知出于孔氏，而良知出于孟轲性善之论。二曰'亲民'，亦本先民之言,盖《大学》旧本所谓亲民者,即百姓不亲之亲,凡亲贤乐利,与民同其好恶,而为絜矩之道者是已。此所据以从旧本之意,非创为之说也。三曰'知行合一',亦本先民之言,盖知至至之,知终终之,只一事也。守仁发此,欲人言行相顾,勿事空言以为学也。是守仁之学,弗诡于圣,弗畔于道,乃孔门之正传也,可以终废其学乎?然以萼之非守仁,遂致陛下失此良弼,使守仁不获致君尧、舜,谁之过与?……臣昔与守仁为友,几二十年。一日愤寡过之不能,守仁从而觉之,若有深省,遂复师事之。是臣于守仁,实非苟然相信,如世俗师友者也。臣于君父之前,处师友之间,既有所怀,不敢不尽。昔萼为小人所谗,臣为之愤;既而得白,臣为之喜;固非臣之私也。今守仁之抱冤,亦犹萼之负屈。伏愿扩一视之仁,特敕所司,优以恤典赠谥,仍与世袭,并开学禁,以昭圣政。若此事不明,则萼之与臣,终不能以自忘。故臣敢言及于此,所以尽事陛下之忠,且以补萼之过,亦以尽臣之义也。"

奏疏刚烈,既入理又动情,世宗不得已下旨:"黄绾学行才识,众所共知;王守仁功高望隆,舆论推重。"将惹事锦衣卫都指挥下狱治死,抚慰黄绾"安心供职"。不过,在杨一清、桂萼秘密策划下,黄绾最终调任南京闲职。

王阳明在世之时,翰林院掌院学士霍韬也给世宗上疏,为王阳明鸣冤叫屈:"诸瑶为患积年,初尝用兵数十万,仅得一田州,旋复召寇。守仁片言驰谕,思、田稽首。至八寨、断藤峡贼,阻深岩绝冈,……今一举荡平,若拉枯朽。"霍韬非常明确地指出,议论的人以朝廷只是命令王阳明征剿思恩、田州，而王阳明却自作主张调兵征讨八寨、断藤峡，却不知道大臣奉命出师，只要对国家社稷有利，就要当机立断做出相应的决策，何况王阳明总督四省军务，有"便宜从事"的敕令。霍韬继而竭力高呼："忠如守仁，有功如守仁，一屈于江西，再屈于两广。臣恐劳臣灰心，将士解体，后此疆圉有事，谁复为陛下任之？"霍韬不是王阳明的弟子，甚至连朋友也算不上，这一番秉公论事，完全出于义愤。霍韬和黄绾，一个在王阳明生前、一个在王阳明死后，向朝廷的"盖棺定论"提出质疑、表示抗议，其实也是当时舆论的一种强有力的声音。

在黄绾之后，御史石金紧接着发声。巡按直隶监察御史冯恩，也借星象的异常变化上疏，极力称赞王阳明心学是有用的道德学问。然而，两人都被锦衣卫严刑审理，石金的罪名是"仇君怨上"，冯恩的罪名是"假以星变，妄骋浮词"。

刑部尚书郑晓回忆，宁王叛乱，各类文书恍惚其词，不敢直言其事，只有王阳明传报，如实上奏。因此感叹，王阳明的做法实在是"不顾九族祸"。

三月，湛若水专程从南京赶到绍兴，在墓前哭祭："……但致良知，可造圣域；体认天理，乃谓义袭；勿忘勿助，言非学的。离合异同，抚怀今昔。切嗟长已，幽明永隔。呜呼！凌高厉空之勇，强立力胜之雄，武定文戡之才，与大化者同寂矣！使吾伥伥而无侣，欲语而默默，俯仰大道，畴与共适，安得不动？予数千里嗟恻而望，方恸哭以哀以戚哉！……"

十一月十一日，王阳明归葬绍兴城南洪溪（今兰亭）。洪溪，三面环山，前有溪水，是王阳明生前亲自选好的地址。和父亲王华的墓只有一山之隔，寓意朝夕侍候在侧。

前来凭吊的有伍文定等朝官，以及各省、府、县的地方官员；门人弟子，有方献夫、黄绾、邹守益等。如此一大批人，敢于公然挑战朝廷对已故人物的"盖棺定论"，在整个明朝，这是第一次。

与此同时，王阳明心学虽然被朝廷当作"邪说"而严令禁止，反而传播得更加迅速。

嘉靖九年（1530年）五月，王阳明门下弟子薛侃、董沄等，在杭州的天真山，建造精舍宣传王学。邹守益、欧阳德、方献夫等人，专程从北京、南京等地赶来，为书院奠基搬砖运瓦。

嘉靖十一年（1532年）正月，方献夫联合黄宗明、欧阳德、黄绾、钱德洪、王畿等王阳明弟子四十多人，集会在京城庆寿山房，对抗桂萼，共同倡导王阳明心学。

嘉靖十二年（1533年），邹守益和欧阳德、何廷仁、钱德洪等，在南京僧寺聚会，"倡和相稽，疑辩相绎"，复兴王阳明心学。

嘉靖十三年（1534年），邹守益以生病为由辞去南京礼部郎中一职，回到安福和同门的刘邦采、刘文敏等建立连山等书院，一起宣讲传扬王阳明心学。

嘉靖三十二年至三十三年（1553—1554），内阁大学士徐阶（王阳明弟子聂豹的学生），和欧阳德、聂豹等在北京灵济宫会讲,史载参与的人数过千。

嘉靖三十五年(1556年),钱德洪重刊《传习录》,并撰写跋。

与此同时,《阳明年谱》《阳明文录》《朱子晚年定论》等书籍一再刊印。弟子王艮则在泰州等地坚持讲学,开创"泰州学派"。

世宗去世,穆宗朱载垕继位,年号隆庆。

隆庆元年(1567年)五月,大理寺右丞耿定向与多位朝臣联名上疏,请求重新为王阳明论功,吏、礼二部合议后做出了新的评价,六月在《题遣官造葬照会》(撰者不详)中说:"新建伯兵部尚书王守仁,具文武之全才,阐圣贤之绝学。筮官郎署,而抗疏以犯中珰,甘受炎荒之谪;建台江右,而提兵以平巨逆,亲收社稷之功。伟节奇勋久已见推于舆论;封盟恤典,岂宜遽夺于身终?"并追赠"新建侯",谥"文成",爵位子孙世袭。

隆庆二年(1568年),穆宗颁予王阳明铁券,文书中说:"两肩正气,一代伟人,具拨乱反正之才,展救世安民之略,功高不赏,朕甚悯焉!因念勋贤,重申盟誓。"

万历十二年(1584年),神宗朱翊钧下旨,王阳明从祀孔庙西庑第四十七位,在薛瑄之后、陈献章之前,成为明朝"钦定"四大儒之一。嘉靖时定性"事不师古、言不称师"而被禁止的"邪学",到万历时诠释为"不安于拘曲"的"真儒之有用"。大学士申时行代表明朝正统,给予了王阳明充分肯定。

在明朝将近三百年的历史中,文臣凭借军功获封伯爵的只有王骥（靖远伯）、王越（威宁伯）、王阳明（新建伯）三人，谥号"文成"（排名在文正和文贞之后、文忠之前）的只有刘基、王阳明二人，从祀孔庙的只有薛瑄、胡居仁、陈献章、王阳明四人，这些，都足以说明王阳明的历史地位和影响。

百年之后，清修《明史·王守仁传》亦对王阳明评价甚高："终明之世，文臣用兵制胜，未有如守仁者也。"

而这些，对王阳明来说，都不过是过眼云烟。青山不改，绿水长流，白云之下，山水之间，恍惚传来王阳明淡然而安详的声音："此心光明，亦复何言！"